La famille recomposée :
Une famille composée sur un air différent

La Collection de l'Hôpital Sainte-Justine
pour les parents

La famille recomposée :

Une famille composée sur un air différent

Marie-Christine Saint-Jacques
Claudine Parent

Éditions de l'Hôpital Sainte-Justine

Centre hospitalier universitaire mère-enfant

Données de catalogage avant publication (Canada)

Saint-Jacques, Marie-Christine, 1961-

La famille recomposée : une famille composée sur un air différent

(La collection de l'Hôpital Sainte-Justine pour les parents)
Comprend des réf. bibliogr.

ISBN 2-922770-33-8

1. Familles recomposées. 2. Enfants de divorcés. 3. Parents et enfants. I.
Parent, Claudine, 1955-   . II. Hôpital Sainte-Justine. III. Titre. IV.
Collection : Collection de l'Hôpital Sainte-Justine pour les parents.

HQ1018.S24 2002   306.84   C2002-940347-2

Illustration de la couverture : Stéphane Jorisch

Infographie : Céline Forget

Diffusion-Distribution au Québec : Prologue inc.
                         en France : Casteilla Diffusion
                         en Belgique et au Luxembourg : S.A. Vander
                         en Suisse : Servidis S.A.

Éditions de l'Hôpital Sainte-Justine (CHU mère-enfant)
3175, chemin de la Côte-Sainte-Catherine
Montréal (Québec) H3T 1C5
Téléphone : (514) 345-4671
Télécopieur : (514) 345-4631
www.hsj.qc.ca/editions

Dépôt légal : Bibliothèque nationale du Québec, 2002
                  Bibliothèque nationale du Canada, 2002

La Collection de l'Hôpital Sainte-Justine pour les parents bénéficie du soutien du
Comité de promotion de la santé et de la Fondation de l'Hôpital Sainte-Justine.

*Le masculin est utilisé pour désigner les deux sexes, sans discrimination, et dans le seul but
d'alléger le texte.*

À Pierre, Marie, François et Éric,
vous qui avez toujours fait partie de ma vie.
M.-C. S.-J

À Gabrielle et Albert,
vous qui m'avez appris mes premières notes.
À Donald, France, Claude, Suzanne et Louis-Pierre,
vous qui m'avez appris à chanter sur un air différent.
C. P.

Remerciements

▼

La rédaction de cet ouvrage aurait été impossible sans ces nombreux enfants, adolescents, parents et intervenants qui nous ont instruites et inspirées, et qui alimentent nos travaux depuis près de quinze ans. Qu'ils se reconnaissent et soient remerciés pour tout ce qu'ils ont accepté de partager avec nous.

Afin de rendre cet ouvrage accessible, nous avons volontairement allégé le texte des nombreux appuis scientifiques qui ponctuent habituellement nos écrits. Nous tenions tout de même à mentionner les noms de certains chercheurs qui nourrissent nos travaux et nos interventions auprès des familles recomposées : A. C. Acock, P. Amato, J. P. Bray, R. Cloutier, C. Cuerrier, M. Coleman, D. Demo, L. H. Ganong, M. Fine, D. Le Gall, E. M. Hetherington, C. Martin, E. P. Papernow, I. Théry, J. et E. Visher.

Soulignons aussi la collaboration de Simon Lapierre, t.s., à la documentation du chapitre cinq portant sur les relations de fratrie et avec la famille élargie. Enfin, nos remerciements vont à l'éditeur de la Collection de l'Hôpital Sainte-Justine pour les parents, M. Luc Bégin, dont il faut souligner la flexibilité et le soutien constant.

TABLE DES MATIÈRES

▼

INTRODUCTION 13

    Une famille « recomposée »? 13

    Ce que vous trouverez dans ce livre....................................15

CHAPITRE 1
UNE FAMILLE COMPOSÉE SUR UN AIR DIFFÉRENT 19

    La recomposition familiale, un nouveau
    modèle de famille ? 19

    Quand les choses bougent 22

    Ce qui distingue les familles recomposées
    des autres familles 23

    Famille recomposée, famille nécessairement
    problématique? 27

    Quel type de famille recomposée formez-vous?................30

    Une famille qui se substitue à une autre
    (ou la logique de substitution) 31

    On ne refait pas sa vie, on la continue
    (ou la logique de pérennité) 34

    Une famille recomposée dans une logique d'exclusion....35

    Quand une famille recomposée dissimule une famille
    monoparentale 37

    Y a-t-il un mode de fonctionnement qui favorise
    davantage l'adaptation des enfants? 42

CHAPITRE 2

ILS SE RENCONTRÈRENT, S'AIMÈRENT, COHABITÈRENT
ET… CE FUT L'ENFER!...43

Les premières étapes d'une recomposition familiale
ou comment prendre le départ sans s'embourber
(Prise 1)...45

Les étapes mitoyennes (ou l'art de reconstruire
les liens familiaux) 51

Les dernières étapes d'une recomposition familiale
(ou la consolidation des relations)....................................55

CHAPITRE 3

LES ENFANTS ET LES ADOLESCENTS
FACE À LA RECOMPOSITION FAMILIALE 61

Quelles sont les réactions des enfants face
à la recomposition familiale? 63

Maintenir la communication avec l'autre parent 66

La difficile question de l'autorité dans les familles
recomposées 67

Les enfants souhaitent le bonheur de leurs parents 68

La qualité des relations 69

Les enfants de familles recomposées vont-ils bien? 70

Comment prendre le départ sans s'embourber?
(Prise 2)...76

CHAPITRE 4

LES ADULTES FACE À LA RECOMPOSITION FAMILIALE......81

Établir une relation conjugale solide..................................82

Établir des relations parentales harmonieuses 86

… quand on est un parent 86

… quand on est une belle-mère 90

… quand on est un beau-père 94

Les rôles parentaux traditionnels 96

Les éléments qui facilitent le rôle du parent 101

Les éléments qui facilitent le rôle du beau-parent 102

CHAPITRE 5
LES TIENS, LES MIENS, LE NÔTRE ET LES AUTRES 104

Les relations de fratrie 104

Que faire si la « mienne » tombe amoureuse
du « sien » ? 109

L'arrivée d'un bébé dans la famille recomposée 111

Un seul ou plusieurs enfants ? 113

Ce qui aide au développement de relations de fratrie
harmonieuses au sein d'une famille recomposée..........114

Les relations avec la famille élargie 115

Les liens grands-parents et enfants : un défi qui
concerne aussi les adultes 116

CHAPITRE 6
DES SOURCES DE SOUTIEN 119

Les conseils de famille 124

Des habiletés pour résoudre les problèmes 125

CONCLUSION 127

RESSOURCES 133

INTRODUCTION

▼

Une famille «recomposée»?

> *C'est comme des parents qui étaient ensemble et qui, maintenant, sont divorcés ou séparés et qui, après ça, décident de fonder une autre famille. Mais toi, tu es déjà là, alors t'embarques dans la famille.*
>
> Marie, 16 ans

> *C'est quand tu ne restes plus avec tes deux parents, il y a plein d'enfants mélangés, ta mère est avec telle personne, ton père a eu des enfants avec une autre et il ne vit pas avec toi tous les jours.*
>
> Daniel, 13 ans

La plupart des jeunes qui vivent dans des familles recomposées et que nous rencontrons dans notre travail parlent de recomposition familiale en faisant appel à leur expérience personnelle.

De façon générale, on peut dire qu'une famille recomposée est celle de personnes mariées ou vivant en union de fait ayant la garde permanente, partagée ou occasionnelle, d'un ou de plusieurs enfants issus d'une précédente union. Cette précédente union s'est soldée par une séparation, un divorce ou un veuvage. Autrement dit, un jeune appartient à une famille recomposée lorsqu'il vit en présence d'un beau-parent.

Si cette définition paraît simple à première vue, elle dissimule toutefois une grande diversité de situations familiales. En effet, que vous ayez la garde exclusive de vos enfants, que vous la partagiez avec votre ex-conjoint, ou que la fille de votre nouveau conjoint vienne vivre avec vous uniquement durant la fin de semaine, vous formez une famille recomposée. Certaines familles sont « recomposées » à temps plein, d'autres le sont une fin de semaine sur deux. Certaines comprennent les enfants d'un seul conjoint (dans le jargon on les appellera une famille recomposée « simple ») ; d'autres, dites « mixtes », réunissent les enfants respectifs des deux partenaires. Enfin, le couple recomposé peut aussi donner naissance à un enfant. Même si ce dernier vit avec ses deux parents d'origine, il sera lui aussi élevé en famille recomposée, puisqu'il sera entouré de demi-frères et de demi-sœurs.

Si l'on se place du point de vue de l'enfant, il est aussi question de recomposition « unique » ou « double », ce qui distingue les jeunes dont un seul parent s'est remis en couple de ceux dont les deux parents, de part et d'autre, s'inscrivent dans une nouvelle union.

Par ailleurs, on utilise l'expression « famille recomposée patricentrique » pour désigner une famille réorganisée autour d'un père, de ses enfants et d'une belle-mère, alors qu'une « famille recomposée matricentrique » comprend plutôt un beau-père.

Pour ce qui est du sous-système fraternel, les enfants issus des mêmes parents sont nommés « fratrie » ; lorsque ces enfants n'ont qu'un parent en commun, on utilise le terme « demi-fratrie ». Finalement, les enfants issus de deux parents différents sont appelés « quasi-fratrie ».

Bref, des petites expressions qui cachent une multitude de réalités !

Ce livre a pour objectif de soutenir ceux qui tentent ou qui songent à tenter cette expérience. Il n'est pas composé de recettes; il ne suggère pas de modèles particuliers à privilégier. Il propose plutôt de partager ce que nous connaissons de la question en nous appuyant non seulement sur des connaissances issues des milieux scientifiques et cliniques, mais aussi sur de nombreuses années à travailler à mieux comprendre la situation des enfants, des adolescents et des couples qui vivent en famille recomposée. Nous faisons le pari qu'en comprenant mieux la réalité de la recomposition familiale, ce qui la caractérise, ce qui la distingue, ce qui semble faciliter ou au contraire complexifier la vie au sein de ces familles, vous serez en mesure de développer votre propre mélodie familiale.

Ce que vous trouverez dans ce livre

Les thèmes que nous avons choisi de privilégier dans ce livre traduisent notre biais de départ. La recomposition familiale, c'est d'abord une affaire de famille avec un grand « F ». Aussi faut-il, pour aider les jeunes à faire face à cette transition, prendre soin d'eux comme de tous les adultes qui les entourent. C'est là notre conviction profonde. C'est pourquoi ce livre traitera tout autant de la situation des enfants et des adolescents que de celle des adultes, que ce soit dans leur rôle de parent (au quotidien ou non), de beau-parent ou de conjoint. Pour y arriver, nous avons divisé le livre en cinq chapitres qui permettent d'aborder la recomposition sous divers angles.

Le chapitre un, intitulé *Une famille composée sur un air différent*, aborde les éléments qui distinguent la famille recomposée de la famille biparentale intacte et cherche à montrer les conséquences de ces distinctions. Nous tentons aussi d'analyser l'image négative fréquemment associée aux familles recomposées, de manière à se distancier de cette image. Enfin, nous concluons ce chapitre en examinant les différents modes de fonctionnement des familles recomposées.

Le chapitre deux porte sur les grandes étapes que traversent généralement les familles recomposées avant d'atteindre leur plein épanouissement. Il s'appuie sur un modèle développemental qui comprend sept étapes comportant chacune leurs particularités, tant dans les défis à surmonter que dans les réactions émotives qu'elles suscitent chez les adultes et les enfants.

Le chapitre trois est consacré à la question préoccupant généralement le plus les parents qui s'engagent dans une seconde union : qu'est-ce que je fais vivre à mes enfants ? La recomposition familiale a-t-elle des conséquences sur leur développement, sur leur avenir ? Les enfants de familles recomposées sont-ils heureux ? Pour répondre à ces interrogations, nous traitons de l'adaptation des jeunes qui vivent des transitions familiales ainsi que des réactions les plus courantes selon leur âge. Il est ensuite question des différentes sources de stress qui peuvent nuire à l'adaptation des jeunes dans le contexte d'une recomposition familiale. Enfin, ce chapitre se termine par la présentation de différents moyens, conditions et attitudes ayant la réputation d'aider les jeunes à faire face à cette situation.

Le chapitre quatre est fidèle à nos convictions de départ et porte sur la situation du couple. Le lecteur y retrouvera une description détaillée des deux principaux défis qui attendent les conjoints recomposant une famille, c'est-à-dire établir une relation conjugale solide et des relations parentales harmonieuses. Dans un premier temps, nous présentons les principales difficultés inhérentes à l'instauration de ces deux types de relation, ainsi que leurs conséquences sur le couple et la famille. Nous procédons ensuite à l'identification de certains éléments susceptibles de faciliter l'établissement de ces deux relations.

Le chapitre cinq traite des autres instruments qui participent à la création d'une nouvelle mélodie. Aussi est-il question des relations de demi et de quasi-fratrie. Nous examinons ensuite comment se vit l'arrivée d'un bébé issu du couple recomposé. Enfin, il sera question des relations avec la famille élargie, notamment les grands-parents.

Le chapitre six aborde les sources de soutien. Il y est notamment question d'outils favorisant la résolution des problèmes, outils que vous pourrez utiliser avec votre famille.

* * *

Bien des femmes, bien des hommes et bien des enfants vivent la famille recomposée au quotidien et inventent ainsi une nouvelle façon de vivre. C'est pour les soutenir et les inspirer que nous avons écrit ce livre, afin qu'ils se sentent moins seuls, ceux qui croient assez en l'amour et en la famille pour décider de se lancer à nouveau dans cette aventure. La famille recomposée commence par une histoire d'amour et repose sur l'espoir de prolonger cet amour et de l'étendre à tous ceux qui font partie de l'aventure.

Nous espérons que notre livre aidera ces personnes, d'une façon ou d'une autre, à réaliser leur projet d'une vie familiale stimulante, nourrissante et harmonieuse.

CHAPITRE 1

UNE FAMILLE COMPOSÉE SUR UN AIR DIFFÉRENT

▼

La recomposition familiale,
un nouveau modèle de famille ?

Bien que l'on attribue souvent à l'augmentation des divorces et des séparations chez les couples en union libre l'apparition et la croissance des familles recomposées, celles-ci sont loin d'être un phénomène moderne. Du XVIe au XIXe siècle, la recomposition familiale était largement répandue. À cette époque, l'espérance de vie était très courte et les contraintes financières et de prise en charge des enfants obligeaient les veufs et les veuves à chercher rapidement à se remarier. On estime par exemple qu'au Québec, au XVIIe siècle, un mariage sur trois était en fait un remariage. Ces hauts taux de remariage signifient qu'une grande proportion d'enfants étaient élevés au sein de familles comprenant un beau-parent, voire un beau-père et une belle-mère, les parents naturels étant morts tour à tour. Les taux de remariage restent élevés jusqu'au début du XXe siècle, quand l'espérance de vie augmente soudain de façon marquée. La vie conjugale connaît alors une période de stabilité qui sera cependant de courte durée. En effet, l'évolution des valeurs et des mentalités entraînera une nette augmentation des taux de divorce et par la suite des taux de recomposition familiale.

En examinant la situation de l'ensemble des familles, on constate que ce sont les années soixante-dix qui apportent les plus grands changements : baisse du taux de mariage et de remariage, baisse du taux de fécondité et augmentation du taux de divorce. Cela fait dire à un historien : « Ce n'est donc pas l'institution légale du mariage qui touche à sa fin, mais simplement l'idée que le mariage est "pour la vie"[1]. » On se marie par amour et on se sépare parce qu'on ne s'aime plus. Dans la mesure où l'union conjugale n'est pas satisfaisante, on préfère y mettre fin.

Mais au fait, à combien évaluer la proportion de familles biparentales intactes au Québec ? De familles monoparentales ? De familles recomposées ?

LA FAMILLE QUÉBÉCOISE EN STATISTIQUES[2]

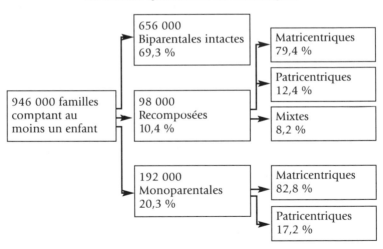

1. SHORTER, E. *Naissance de la famille moderne*. Paris : Seuil, 1977. p. 337.
2. Figure élaborée à partir des données de l'Institut de la statistique du Québec, *Enquête sociale et de santé 1998*.

Surpris par ces données? Vous n'imaginiez pas qu'une si grande proportion d'enfants vivaient avec leurs deux parents d'origine? Ne vous en faites pas, la plupart des gens que nous rencontrons, qu'ils s'agissent de parents, de journalistes, d'enseignants ou d'intervenants ont cette fausse impression. Comment cela se fait-il?

Une première confusion vient des médias où l'on mentionne souvent que près d'une union conjugale sur deux se termine par une séparation. Et cela est vrai. On oublie cependant d'insister sur le fait que près de la moitié de ces couples n'ont pas d'enfants.

Les statistiques américaines viennent aussi brouiller les cartes, puisque les taux de séparation parentale et de recomposition familiale y sont extrêmement élevés. Ils ne sont toutefois pas comparables avec la réalité québécoise ou canadienne actuelle.

Enfin, l'enseignante de votre fils qui affirme que la moitié des élèves de sa classe proviennent de familles séparées n'a peut-être pas tort. Dans certains quartiers, on peut observer une surreprésentation de familles monoparentales ou recomposées. Il est probable qu'un quartier en développement, comprenant de petites maisons unifamiliales, réunisse un grand nombre de familles biparentales intactes. Ce sont de jeunes unions dont la trajectoire familiale en est à ses débuts. Dans un quartier défavorisé, on retrouvera fréquemment une grande proportion de familles monoparentales. Est-ce à dire que toutes les familles monoparentales sont pauvres? Bien sûr que non; par contre, on ne peut nier que les familles monoparentales, particulièrement lorsqu'elles sont dirigées par une femme, sont très largement surreprésentées parmi les familles qui doivent composer avec un faible revenu.

Mentionnons aussi que les statistiques officielles sous-estiment peut-être le nombre de jeunes vivant en famille recomposée. En effet, nous avons vu précédemment que les jeunes de familles recomposées peuvent être appelés à circuler entre la maison de papa et celle de maman. Prenons le cas de Mathieu qui vit régulièrement avec sa mère (donc en famille monoparentale), mais va chez son père et la conjointe de ce dernier quatre jours aux dix jours. Mathieu, sur le plan statistique, est identifié comme appartenant à une famille monoparentale.

Quand les choses bougent...

Peut-on penser que le nombre de familles recomposées va augmenter dans les prochaines années? Mentionnons d'abord qu'entre les statistiques de 1994 et celles de 2001, on a observé que la proportion de familles recomposées était passée de 8,4 % à 10,4 % et que, pour la première fois dans le Québec industrialisé, le nombre d'enfants vivant avec leurs deux parents d'origine est passé sous la barre des 70 %.

Par ailleurs, lorsque l'on examine la situation de familles comprenant de jeunes enfants, certains indices nous suggèrent que les unions actuelles sont plus fragiles et qu'il faut de ce fait s'attendre à une hausse probable du nombre de familles monoparentales et recomposées. En effet, l'examen de la trajectoire familiale d'une cohorte d'enfants nés en famille biparentale intacte en 1983-1984 fait ressortir que 20 % de ces enfants connaîtront la séparation de leurs parents et que, parmi ces derniers, 60 % auront connu au moins une recomposition familiale, ces deux événements survenant avant qu'ils aient atteint l'âge de 10 ans. Qui plus est, dans 4 situations sur 10, l'enfant aura connu une double recomposition, c'est-à-dire que ses parents, de part et d'autre, auront formé une nouvelle union[3]

Au-delà de ces statistiques, il importe de retenir que ce qui caractérise les familles recomposées modernes c'est qu'elles se forment après la séparation des parents, que ces derniers sont généralement toujours vivants et que leur progéniture est souvent appelée à circuler de la maison de maman à celle de papa. Tout un défi, nous confient régulièrement les personnes qui l'ont pratiquée, adultes comme enfants !

Ce qui distingue les familles recomposées des autres familles

Le premier élément qui frappe les personnes ne vivant *pas* en famille recomposée, c'est leur complexité. De l'extérieur, il est vrai que ces familles peuvent paraître « compliquées ».

Il importe donc de comprendre ce qui nous amène à considérer ces familles comme étant complexes. À ce sujet, on doit mentionner trois éléments :

- En Occident, la famille biparentale intacte est, sur le plan démographique, le modèle familial le plus courant. Aussi, nos manières de fonctionner, de penser, de valoriser certaines façons de faire et même d'aimer sont fortement influencées par ce modèle dominant.

- Les personnes qui vivent en famille recomposée, une fois qu'elles ont apprivoisé ce mode de vie, ne ressentent pas cette impression de vivre dans une famille « compliquée ». C'est beaucoup plus le regard des autres qui renvoie aux individus l'impression qu'ils ne vivent pas dans une famille « ordinaire ».

---

3. MARCIL-GRATTON, N. *Grandir avec maman et papa? Les trajectoires familiales complexes des enfants canadiens.* Ottawa : Ministère de l'Industrie, 1998.

- Lorsque l'on compare les fonctions que remplit la famille recomposée, les besoins et les rôles qui s'y jouent, force est de constater que tout cela s'apparente à ce qui se vit dans l'ensemble des familles.

Cependant, le fait de reconnaître les similitudes de fond entre une famille recomposée et une famille biparentale intacte ne doit pas nous amener à nier qu'il existe, notamment sur le plan structurel, des différences obligeant les enfants et les adultes à s'adapter.

Un des premiers éléments qui distingue les familles recomposées, c'est qu'elles mettent en relation un grand nombre de personnes. En effet, au moment d'une recomposition, les membres de la famille, particulièrement les enfants, maintiennent en général des liens avec les familles respectives de leurs parents et ils en créent de nouveaux par l'entremise des réseaux de parenté de leurs beaux-parents, ce qui contribue évidemment à élargir leur réseau familial.

La recomposition d'une famille, pour les personnes qu'elle implique, bouleverse le cycle traditionnel de la vie familiale. En effet, il est possible de se représenter la vie familiale traditionnelle comme un cycle qui débute par la rencontre de deux adultes qui deviennent amoureux. À cette première étape succède le début de la vie commune (sanctionnée ou non, légalement). Pendant une période plus ou moins longue, ces adultes forment un couple sans toutefois être une famille. Par la suite, ils donnent naissance à un premier enfant et apprennent ensemble à devenir parents. Ils pourront avoir, ou non, d'autres enfants dans l'avenir. Plus tard, ce bébé quittera la petite enfance pour franchir une nouvelle étape qu'est la fréquentation scolaire.

Les années passent, l'enfant devient un adolescent. Il continue de grandir et finit par quitter la maison. Les parents se retrouvent seuls et, un jour, ils franchissent l'étape de la retraite. Ils poursuivent ainsi leur vie jusqu'au moment où la mort les sépare. C'est ainsi que la vie familiale se déroule pour une bonne partie des familles. Toutefois, pour un nombre grandissant de personnes, la vie familiale peut prendre un tout autre itinéraire. Que l'on pense aux familles monoparentales, aux enfants qui après leur émancipation reviennent vivre chez leurs parents, aux familles qui vivent le deuil d'un enfant ou d'un parent bien avant la vieillesse. Dans le cas des familles recomposées, ce cycle est également passablement modifié.

Voici les principales différences :

1. La relation parent/enfant précède la relation du couple.

2. Le couple doit vivre de manière **simultanée** deux transitions qui requièrent une grande capacité d'adaptation : apprendre à fonctionner ensemble comme couple ; apprendre à fonctionner ensemble comme parent ou beau-parent.

3. L'un des conjoints peut se situer à une étape de son cycle de vie familiale très différente de son partenaire. Par exemple, alors qu'un des conjoints a franchi avec ses enfants l'étape de l'adolescence, il peut rencontrer l'âme sœur qui envisage l'entrée à la garderie de son aîné.

4. Les enfants peuvent vivre dans deux maisonnées différentes ; tous les enfants de la famille ne vivent pas nécessairement de manière permanente ni au même rythme avec le couple recomposé.

5. Les enfants sont susceptibles de voir leur rang dans la fratrie se modifier ou se retrouver «instantané- ment» avec une demi ou une quasi-fratrie.

À ces différences propres au cycle de la vie fami- liale s'ajoutent d'autres éléments propres à la vie au sein d'une famille recomposée:

6. Certains, voire tous les membres de la famille recomposée, ont une histoire familiale antérieure.

7. Certains, voire tous les membres de la famille recomposée, ont suffisamment vécu de temps avant la recomposition familiale pour développer des valeurs, des principes et des habitudes de vie qu'il faudra tenter de concilier.

8. Toutes les personnes qui vivent une recomposition familiale ont eu à vivre des pertes, des blessures et l'inévitable deuil associé à ces expériences. L'enfant qui a connu la séparation de ses parents et leur impossible réconciliation; l'adulte qui a connu une séparation conjugale; et même la personne qui en est à sa première union et qui doit faire le deuil de ce qu'elle avait projeté comme vie de couple et de famille.

9. Des enfants qui vivent sous un même toit, mais qui n'ont en commun qu'un seul parent ou même aucun parent.

10. Du point de vue des enfants, avoir un parent qui vit plus fréquemment avec les enfants de son conjoint qu'avec soi.

---

11. Des enfants dont un des parents d'origine vit à l'extérieur de la famille recomposée et avec qui ils peuvent entretenir plus ou moins de contacts.

12. Peu de liens légaux existent entre le beau-parent et les enfants, à moins d'avoir effectué certaines démarches légales dont les possibilités d'ailleurs sont assez limitées.

Famille recomposée, famille nécessairement problématique?

Si l'on vous dit « famille recomposée », « beau-père », « belle-mère », quels adjectifs vous viennent spontanément à l'esprit? Sont-ils positifs? négatifs? Si ceux qui vous viennent d'abord à l'esprit sont négatifs, rassurez-vous, vous n'êtes pas seuls à associer spontanément une image négative à la famille recomposée. Mais d'où nous vient cette impression que la famille recomposée a moins de valeur que... a plus de difficultés que...?

De l'histoire de Blanche-Neige...? Cendrillon...? Hansel et Grethel...? Aurore, l'enfant martyr...?

En fait, il faut reconnaître qu'une étiquette péjorative est associée à la recomposition familiale depuis fort longtemps et a été largement véhiculée dans toutes les époques par l'entremise des contes de fées. Pourtant, on estime qu'à l'origine ces histoires ne visaient pas tant à juger négativement ces familles (très nombreuses en d'autres temps, comme nous l'avons vu précédemment), mais plutôt à protéger les enfants qui auraient à y vivre en rappelant au beau-parent, (particulièrement aux belles-mères qui, par tradition, jouaient un très grand rôle auprès des enfants) qu'ils devaient en prendre soin. D'ailleurs, rappelez-vous comment, dans la plupart de ces histoires, le bien l'emporte sur le mal.

Cependant le monde de la fiction n'est pas seul responsable de l'étiquette péjorative associée à la recomposition familiale. On remarque aussi que les Occidentaux valorisent beaucoup le modèle de la famille biparentale intacte et qu'ils jugent parfois très sévèrement (pour différentes considérations, notamment religieuses) les organisations familiales qui s'en écartent. Par exemple, vers la fin du XIXe siècle, on considère qu'il est plus « naturel » de vivre avec ses parents biologiques, et qu'un beau-parent « ne peut éprouver pour des "enfants par alliance" les mêmes bons sentiments que pour les enfants de son propre sang[4]. » Cette incapacité à ressentir les « mêmes bons sentiments » amènerait le beau-parent à négliger, voire à abuser des enfants de son conjoint.

Mais qu'en est-il aujourd'hui ? Ganong et Coleman[5], des chercheurs très connus pour leurs travaux sur la recomposition familiale, notent que la société a habituellement deux façons de voir la famille recomposée. Dans une de ces perspectives, la société ignore la famille recomposée, qui est absente des lois et des politiques sociales, tandis que les institutions en font peu de cas (comme l'École ou l'Église). Dans l'autre, la société trouve la famille recomposée moins fonctionnelle et plus problématique que la famille biparentale intacte. Dans cette perspective, les membres de la famille recomposée possèdent

---

4. LEFAUCHEUR, N. « Quand leur situation était inférieure à celle de l'orphelin ou le psychiatre, la marâtre et le délinquant juvénile ». *Dialogue*, 1987, vol. 97 : 106.

5. GANONG, LH ET M COLEMAN. « How society views stepfamilies ». Marriage and Family Review, 1997, 26 : 85-106.

des caractéristiques qui sont négatives, pour la plupart, et leurs interactions apparaissent comme moins agréables que dans une famille biparentale intacte. Selon les auteurs, ces deux points de vue entraînent une vision idéalisée de la famille biparentale intacte en même temps qu'un frein à l'établissement de modèles différents et sains pour la famille recomposée.

Heureusement, avec le temps et les exemples, les mentalités évoluent. On remarque aussi que le fait de vivre en famille recomposée ou de côtoyer ces familles tend à diminuer l'entretien d'images stéréotypées à son égard.

On comprend aussi de mieux en mieux ce qui contribue au bien-être des familles, peu importe leur composition. Dans plusieurs cas, ce bien-être semble dépendre beaucoup plus de *ce qui se passe* dans la famille que de tout autre facteur. Nous reviendrons en détail sur ce point dans les chapitres trois et quatre.

POUR POURSUIVRE LA RÉFLEXION :

Qu'est-ce que vous souhaitez pour vos enfants ?

Quelles sont vos attentes par rapport à votre vie conjugale ?

Quelles sont vos attentes par rapport à votre vie familiale ?

Est-ce que le fait de vivre au sein d'une famille recomposée est un frein à l'atteinte de ces désirs, de ces attentes ?

Quel type de famille recomposée formez-vous ?

Si le comportement des familles recomposées s'apparente à celui des familles biparentales intactes, il existe tout de même des différences sur le plan du fonctionnement qui permettent à ces familles de vivre selon leur réalité, leurs besoins et leurs valeurs. Cherlin, un sociologue américain, s'est fait connaître en démontrant qu'une des difficultés de la vie en famille recomposée réside dans le fait de devoir fonctionner en l'absence d'un modèle, de repères déterminés précisant les rôles de chacun et la nature des relations entre les différentes personnes. Par exemple, un beau-parent doit-il développer une relation intime avec les enfants de son conjoint? Est-il souhaitable qu'il soit une figure d'autorité aux yeux des enfants? Son rôle est-il différent selon le degré d'engagement du parent non gardien? Quel droit de regard conserve un parent non gardien face à ce qui se passe dans la famille recomposée? On pourrait allonger encore et encore cette liste de questions. Et il y a fort à parier que vos réponses ne correspondent pas à celles du voisin ni même à celles de votre conjoint actuel.

Pourtant, l'absence de consensus social sur la manière de fonctionner en famille recomposée n'empêche pas ces familles de développer leur propre modèle. Malgré les différentes variations que l'on peut observer, il n'est pas possible à l'heure actuelle d'affirmer que tel ou tel modèle est préférable. À ce sujet, notons que cet aspect de la vie en famille recomposée n'est pas très documenté. Les informations qui suivent s'appuient sur les travaux de sociologues français[6], de même

---

6. THÉRY, I. «La référence de l'intérêt de l'enfant: usage judiciaire et ambiguïtés». Dans O Bourguignon, J-L Rallu et I Théry, *Du divorce et des enfants*. Paris: Presses universitaires de France, 1985. 247 p. (suite page 31)

que sur notre propre examen de la question, basé sur une étude réalisée auprès de 26 adolescents vivant en famille recomposée[7].

Enfin, bien que nous présentions quatre modèles distincts, il se peut fort bien que votre famille s'apparente à plus d'un modèle.

Une famille qui se substitue à une autre (ou la logique de substitution)

L'HISTOIRE D'ANTOINE

Les parents d'Antoine, 13 ans, se sont séparés quand l'enfant avait trois ans. Celui-ci part alors vivre avec sa mère. Un an plus tard, le nouvel ami de la mère vient vivre avec eux. De cette union naissent deux autres garçons. Antoine voit son père environ une fois par mois. Ce dernier n'assume à peu près aucune responsabilité parentale, sauf en ce qui a trait aux activités de loisir. Après leur séparation, les parents d'Antoine ont continué de se fréquenter sur une base amicale (soupers, etc.). Mais ils ont cessé de se voir quand monsieur a rencontré sa conjointe actuelle. Antoine considère son père d'origine, tout comme son beau-père, comme jouant un rôle de «père» dans sa vie. Dans les faits, par contre, on

LE GALL, D ET C MARTIN. «Mutation de la famille, mutation du lien familial». Sous la direction de D Le Gall et C Martin. *Familles et politiques sociales.* Paris : Éditions l'Harmattan, 1996. p. 13-27.

7. SAINT-JACQUES, M-C. *L'ajustement des adolescents et des adolescentes dans les familles recomposées : étude des processus familiaux et des représentations des jeunes.* Université Laval : Centre de recherche sur les services communautaires, 2000. 404 p.

constate que le père non gardien assume uniquement des responsabilités associées aux loisirs d'Antoine. Le beau-père, de son côté, assume tous les autres rôles (pourvoyeur, figure d'autorité, rôle affectif, etc.).

Les familles recomposées se substituent très souvent, comme mode de fonctionnement, à l'organisation familiale qui les a précédées. La situation la plus classique est celle d'un enfant qui vit à temps plein au sein d'une famille recomposée, dans laquelle le beau-parent gardien joue un rôle de parent en remplacement du parent non gardien qui est plus ou moins présent dans la vie de l'enfant. Cela représente essentiellement le cœur de la logique substitutive. Il est cependant important d'insister sur le fait que le beau-parent ne prend généralement pas la place du parent non gardien; il occupe plutôt une place laissée vacante, pour diverses raisons, depuis la séparation conjugale, et même avant. En ce sens, une famille ne chasse pas la précédente, elle vient plutôt combler un vide.

Caroline a cessé tout contact avec son père depuis six mois, à cause de sa consommation excessive d'alcool. Elle raconte : *Il boit, mais il y a boire et boire. Ça me fatiguait de le voir arriver tout le temps comme ça. Il n'était pas toujours dans son état normal. (...) Claude (le beau-père), c'est comme un père pour moi. Il est avec nous autres, il s'occupe de nous autres, il ne remplace pas mon père. Ça aurait été mieux que mon père arrête de boire, mais je trouve que Claude est bien fin avec nous autres.*

Dans ce mode de fonctionnement, le parent non gardien peut continuer à entretenir des contacts, même réguliers, avec ses enfants. Cependant, on observe qu'il joue un rôle différent de celui du parent gardien, voire de celui du beau-parent gardien. En effet, il n'assume généralement pas de fonctions éducatives ou disciplinaires, son action se concentrant surtout autour des loisirs, de l'affection et, dans une moindre mesure, du soutien financier du jeune : *Avant, c'était plutôt la fin de semaine. Mon père m'appelait pour que j'aille coucher chez lui. L'hiver on allait faire du ski-doo et l'été de la moto. C'était souvent ça. Des fois, il m'appelait pour aller voir des parties de hockey; l'année passée, il m'a proposé d'aller voir du base-ball avec lui en moto. Maintenant, c'est plus des sorties comme ça que d'aller coucher chez eux.*

Le fait que le parent non gardien n'assume pas de fonctions éducatives entraîne une distinction dans la représentation que se font certains enfants de la nature des relations qu'ils entretiennent avec leurs parents. Généralement, la relation avec le parent gardien est considérée plus exigeante, parce que ce dernier est très engagé dans son rôle d'éducateur : il exprime alors ouvertement ses inquiétudes, son mécontentement, ses attentes. À l'inverse, le parent non gardien, même s'il est disposé à écouter les difficultés de son enfant, aborde ces événements avec plus de distance, reflet probable d'un engagement moindre face à la situation : *Les différences? Avec mon père* (le père non gardien) *je n'ai rien à faire, avec ma mère* (gardienne) *il faut que je fournisse plus d'efforts. Si j'ai des problèmes à l'école, je peux en parler avec mon père. Ma mère, elle va frustrer parce que c'est avec elle que je vis. S'il s'est passé quelque chose à l'école, ou que j'ai fait des mauvais coups, je ne peux pas aller lui raconter.* Ajoutons cependant que cette plus grande proximité dans la relation mère-enfant ne s'observe pas uniquement dans les familles recomposées.

Dans ce mode de fonctionnement, les contacts entre ex-conjoints s'avèrent fréquemment non conflictuels (parfois, il est vrai, parce que les ex-conjoints n'ont plus aucun contact).

On ne refait pas sa vie, on la continue (ou la logique de pérennité)

L'HISTOIRE DE SYLVIE

Les parents de Sylvie, 13 ans, se séparent lorsque l'enfant a huit ans. Celle-ci part alors vivre avec sa mère et son frère. Un an plus tard, sa mère se remarie et, après six mois, c'est au tour de son père. Sylvie vit régulièrement avec sa mère, mais demeure chez son père quatre jours sur dix. Sylvie considère toutes les personnes de son environnement familial comme faisant partie de sa famille. Les parents se voient fréquemment en présence de leur nouveau conjoint. Il existe une grande entente et une bonne coopération entre eux sur tous les plans. Ils font des activités tous ensemble (vacances et anniversaires des enfants). Sylvie dit que cette entente la sécurise beaucoup.

Moins répandues, ces familles recomposées sur un mode de pérennité se caractérisent surtout par le fait qu'elles s'inscrivent dans le prolongement de la famille d'origine. Les enfants ont accès à leurs deux parents ; ces derniers coopèrent et continuent d'assumer conjointement la prise en charge des enfants sur tous les plans. Dans cette logique, les beaux-parents ne viennent pas remplacer l'autre parent et tentent d'éviter toute ingérence dans le rôle des parents. Lorsque l'on demande aux enfants dont la famille est recomposée dans la pérennité de nous nommer les personnes qu'ils considèrent comme faisant partie de leur famille, ils nomment tous les individus appartenant à l'un ou l'autre des milieux, enfants du beau-parent inclus. Ces situations ont aussi pour point commun d'accorder aux jeunes un libre accès à leurs deux parents.

D'ailleurs, si l'on observe une alternance du parent ayant la garde principale de l'enfant, celui ayant une garde plus occasionnelle entretient toujours des contacts réguliers avec son enfant. On remarque aussi que ces jeunes voient en leur beau-parent un parent d'addition, c'est-à-dire une personne qui vient s'ajouter au système parental sans toutefois remplacer l'autre parent. Pour ces jeunes, le beau-parent est une personne très significative à laquelle ils sont attachés : *Tu sais, moi je ne l'aimais pas vraiment au début ; dans ce temps-là, j'étais un peu jaloux, je ne voulais pas que mon père voit d'autres femmes. Mais là, en vieillissant, je l'aime, je me demande comment j'ai fait pour ne pas l'aimer.* (...)

Une famille recomposée dans une logique d'exclusion

L'histoire de François

Les parents de François, 15 ans, se séparent lorsque ce dernier a douze ans. François part alors vivre avec sa mère. Six mois plus tard, son père se remet en ménage avec une femme et François passe huit jours par mois chez ce couple.

Il s'écoule deux ans entre sa première rencontre avec la conjointe de son père et leur cohabitation. Entre temps, quand son père va le chercher, il le « dompe », selon son expression, chez la mère de la belle-mère. François trouve que son père est plus attentif envers sa belle-mère qu'envers lui et aimerait que ce soit différent. En dehors des visites, il n'a pratiquement aucun contact avec son père. Les interactions entre les parents sont intermittentes et conflictuelles. François aime mieux faire le messager entre eux que de les voir se chicaner. Il se sent très proche de sa mère ; cette proximité se serait d'ailleurs renforcée avec l'arrivée de la belle-mère non gardienne. Il dit s'être rendu compte à quel point il aimait sa mère et à quel point cette dernière l'aimait. Son père agit différemment avec sa conjointe et avec les enfants de cette dernière. Il n'a jamais agi ainsi avec François et sa mère.

Pour moi la recomposition, c'est surtout des inconvénients. Je vois moins souvent mon père. Il m'invite moins parce qu'il a peur que je fasse des gaffes. Il n'aime pas ça. À part ça, quand je suis avec lui et sa blonde, il est plus attentif, on dirait qu'il ne peut pas ne pas me parler, parce que il y a sa blonde et toute sa famille à elle. Il n'a pas le choix s'il veut passer pour quelqu'un de correct. Mais au fond, quand elle n'est pas là, je suis en peine, je ne fais rien tu sais, il ne me parle pas, je ne lui parle pas.

Nous avons aussi observé, beaucoup moins souvent il est vrai, un troisième mode de fonctionnement qui regroupe les situations de jeunes manifestant plusieurs insatisfactions à l'endroit de la relation qu'ils entretiennent avec leur père, tandis qu'ils se sentent très proches et très attachés à leur mère. On voit poindre dans leur discours la parole de l'enfant justicier qui ne « pardonne pas ce que le père a fait à la mère ». Dans les situations observées, les relations entre les parents sont très conflictuelles. Cette logique est dite d'exclusion, parce qu'elle s'articule autour d'un père qui a formé une nouvelle union dans laquelle le jeune ne se sent pas intégré, comme si les relations entre père et enfant ne peuvent exister que dans un rapport exclusif ou à tout le moins hiérarchisé, où les relations entre les membres de la famille d'origine sont mises en priorité par rapport aux autres. Il est par ailleurs difficile de vraiment cerner si la situation est liée au fait que le jeune est exclu ou qu'il n'arrive pas à s'intégrer. Souvent, dans ces situations, le père vit à temps plein avec d'autres personnes et à temps partiel avec son enfant, ce qui contribue probablement à accentuer le regard désapprobateur que l'enfant porte sur la recomposition familiale. Il s'y crée des alliances, des rites, des habitudes quotidiennes qui contribuent à faire sentir à ces jeunes qu'ils ne font pas tout à fait partie de cet univers. Par ailleurs, plusieurs jeunes vivent à temps partiel au sein d'une famille recomposée patricentrique sans que leur situation ne s'apparente à de l'exclusion. Ainsi, le temps passé à vivre ensemble devient parfois un facteur contribuant au sentiment d'exclusion, même s'il est loin de l'expliquer entièrement.

On remarque que ces jeunes ont le sentiment d'être traités différemment des autres membres de la famille, voire injustement. Ils souffrent de la grande proximité qui existe entre leur père et les acteurs de la nouvelle famille, proximité qui est souvent jugée plus grande que dans leur propre relation sur certains aspects : *Avec moi, il ne jouait jamais, il n'était jamais attentif ; avec eux, on dirait qu'il est plus attentif, il joue avec eux, il les emmène partout.*

Quand une famille recomposée dissimule une famille monoparentale

L'HISTOIRE DE MARIE-ANNE

Les parents de Marie-Anne, 15 ans, se séparent quand celle-ci a cinq ans. Elle part alors vivre avec sa mère et voit son père la fin de semaine. À l'âge de huit ans, elle part vivre avec son père et voit alors sa mère les fins de semaine. À neuf ans, elle retourne vivre avec sa mère. À partir de ce moment, elle voit son père une fin de semaine sur six. Quand Marie-Anne a onze ans, sa mère se remet en ménage avec un homme (premier beau-père) et cette union dure un an. Lorsqu'elle a treize ans, sa mère se remet à nouveau en ménage (deuxième beau-père) et cette union dure aussi un an. Marie-Anne a quinze ans lorsque sa mère se remet à nouveau en ménage (troisième beau-père).

Quand Marie-Anne parle de sa famille, elle parle des membres de sa famille d'origine. Le dernier beau-père s'est intégré sans aucune ingérence; Marie-Anne n'a pas été surprise d'apprendre qu'il allait venir vivre chez elles. Mais cet homme ne joue aucun rôle auprès d'elle; en fait elle le voit comme une connaissance, même pas comme un ami.

Marie-Anne voit son père quand elle le veut, mais comme ce dernier vit loin, leurs contacts sont forcément limités. Son père est assez pauvre et a des problèmes de toxicomanie. Ce dernier ne joue aucun rôle parental vis-à-vis de sa fille, même si malgré ses faibles ressources il s'organise toujours pour payer son voyage et la nourrir lorsqu'elle lui rend visite. Ils sont très attachés l'un à l'autre, mais dans cette relation, Marie-Anne a le sentiment d'être le parent de l'autre. Cette jeune fille perçoit sa mère comme une confidente sur qui elle peut compter. C'est d'ailleurs sa mère qui a l'entière responsabilité de Marie-Anne. Mais cette dernière est très autonome et très libre, sa mère ne la contrôlant à peu près pas.

Finalement, une dernière logique comprend ce que l'on pourrait appeler les «fausses familles recomposées», c'est-à-dire les familles où l'on retrouve, d'un point de vue structurel, les caractéristiques d'une famille recomposée, mais dont la dynamique est basée sur le fonctionnement d'une famille monoparentale. L'élément le plus distinctif de ces familles recomposées est le rôle — ou plus précisément l'*absence* de rôle — que joue le beau-parent dans la vie de l'enfant. Cette personne est essentiellement perçue par l'enfant comme le conjoint de son parent, que ce soit par choix unanime de tous ou parce que le jeune refuse catégoriquement qu'il en soit autrement. Il convient aussi de souligner que ce mode d'organisation s'observe chez des jeunes qui vivent à temps plein avec le beau-parent. Aussi, la spécificité du rôle de beau-parent ne peut être attribuée au peu de temps passé ensemble. Par contre, on peut associer cette logique au fait que le jeune a vécu de multiples recompositions. En effet, dans la plupart de ces situations, on observe qu'au moins un des deux parents a eu, depuis la séparation conjugale initiale, au moins deux conjoints différents. Il est permis de penser que plus il y a d'adultes qui se succèdent dans la vie de l'enfant, plus s'élève la probabilité que ces adultes ne soient pas appelés à jouer un rôle particulier auprès des enfants de leur conjoint. Pour ce qui est du rôle du parent non gardien, il s'assimile à celui observé dans la logique de substitution, à savoir qu'il est surtout orienté vers les loisirs et l'affection. Cette situation est d'ailleurs assez typique des organisations où le jeune ne vit qu'à temps partiel avec ce parent.

En résumé :

A. Logique de substitution

Le beau-parent gardien joue un rôle de parent.

La qualité des relations entre les ex-conjoints va de positive à inexistante en passant par le conflit.

La relation enfant et parent non gardien, quand il y a des contacts : plaisir, amour, argent.

Pour l'enfant, la famille, c'est la recomposition et parfois plus encore.

B. Logique de pérennité

Les ex-conjoints continuent d'assumer leur rôle de parents au-delà de la séparation conjugale et du fait de ne pas vivre constamment avec leur enfant.

Relations entre ex-conjoints harmonieuses et coopératives.

Libre accès du jeune à ses deux parents.

Contacts réguliers du jeune avec ses deux parents d'origine.

Pour l'enfant, la famille, ce sont tous les acteurs familiaux.

Beau-parent : parent d'addition, autorité nuancée, conseiller-ami.

C. Logique d'exclusion

Le jeune n'a pas le sentiment d'être intégré à la famille recomposée.

Relations entre ex-conjoints souvent conflictuelles.

Plus de jeunes vivant à temps plein dans une famille monoparentale matricentrique.

Plus de jeunes vivant à temps partiel dans une famille recomposée patricentrique

Relation mère/enfant très proche.

Relation père non gardien/enfant conflictuelle.

Proximité entre acteurs de la recomposition difficile pour l'enfant.

Processus de recomposition soudain et bouleversant.

D. Logique de mono-parentalité

Le rôle du beau-parent se résume à celui de conjoint du parent, par choix unanime de tous ou par refus catégorique de l'enfant qu'il en soit autrement. Cet état de fait est accepté par les adultes.

Relations entre ex-conjoints pacifiques ou inexistantes.

Prise en charge des enfants assumée par un seul parent.

La relation parent non gardien/enfant : plaisir, amour.

Recompositions multiples.

Bonnes relations entre l'enfant et ses parents et beaux-parents.

Si les contacts avec le parent non gardien sont de fréquence variable, dans tous les cas ils sont réguliers.

Y a-t-il un mode de fonctionnement qui favorise davantage l'adaptation des enfants ?

Il est malheureusement encore trop tôt pour le dire. Par contre, nous avons pu observer qu'il n'y a pas vraiment de lien entre le mode de fonctionnement de la famille recomposée et l'adaptation du jeune.

Il est permis d'avancer que plus un jeune vit de discontinuité dans ses relations avec les membres de sa famille (par exemple, un jeune qui ne voit pas ou très peu son parent non gardien ou un jeune qui développe une relation avec un beau-parent qui quitte sa vie après quelque temps, ou encore qui perd tout contact avec ses quasi-frères et sœurs après avoir vécu plusieurs années avec eux, etc.), plus il risque de vivre des difficultés à s'adapter à ces changements, car la discontinuité finit par entraîner de nombreuses pertes sur le plan relationnel au lieu de se transformer en relations qui s'actualisent différemment.

Si, par nature, les familles qui fonctionnent dans une logique de pérennité se caractérisent par la continuité, nous avons observé qu'une logique de substitution peut aussi faire place à la continuité.

CHAPITRE 2

ILS SE RENCONTRÈRENT, S'AIMÈRENT, COHABITÈRENT ET... CE FUT L'ENFER !

▼

Après avoir abordé les logiques de fonctionnement en famille recomposée, nous vous présentons ici le modèle de développement familial que propose Patricia Papernow[8], chercheur et clinicienne aux État-Unis. Mme Papernow a été la première à s'intéresser aux réactions émotives lors de la recomposition familiale et à tenter d'expliquer ces réactions à partir d'une perspective développementale. À plusieurs reprises, nous avons constaté dans notre pratique que le modèle qu'elle propose s'avère significatif pour les gens qui vivent cette situation familiale ou qui interviennent auprès des membres de ces familles. Entre autres, la simple présentation de son modèle a souvent aidé les gens à mieux comprendre le pourquoi des difficultés qu'ils vivaient dans ces familles. Les pages qui suivent présentent donc une traduction très synthétisée et adaptée des sept étapes de développement d'une famille recomposée telles que Papernow les a décrites dans son livre publié en 1993.

Papernow observe que, peu importe l'âge ou la culture, tous les individus éprouvent le désir d'appartenir à un groupe,

---

8. PAPERNOW, P. *Becoming a Stepfamily. Patterns of Development in Remarried Families.* San Francisco : Jossey-Bass, 1993. p. 65-230.

souhaitent être aimés et veulent exercer un contrôle sur leur vie. Elle soutient qu'au début de la recomposition familiale, il est très difficile de combler ces trois besoins fondamentaux. La structure de ces familles favorise plutôt l'apparition de sentiments comme l'aliénation, l'impuissance et le rejet.

L'addition d'une ou de plusieurs personnes dans une famille qui partage des valeurs et des habitudes communes entraîne souvent, chez les enfants, la crainte que l'amour de leur parent bifurque à leur détriment vers ces nouveaux arrivants. Le beau-parent peut, de son côté, avoir le sentiment de ne pas avoir de place dans cet espace qui est, parfois depuis longtemps, partagé exclusivement par les parents et leurs enfants. Cette situation peut aussi provoquer, chez le parent qui recompose sa famille, la peur que ses enfants ne s'éloignent si sa relation de couple prend trop de place. De plus, comme les habitudes familiales n'existent pas encore, tous les membres de la famille ont le sentiment qu'ils ont peu ou pas de contrôle sur les événements qui surviennent.

Papernow note que chaque membre de la famille vit différemment l'expérience de la recomposition familiale. Chacun peut facilement se retrouver à des étapes différentes de développement ou progresser à des rythmes variés en établissant de nouvelles relations. De plus, les étapes de développement décrites par Papernow ne sont pas immuables. Les membres d'une famille recomposée peuvent atteindre rapidement *l'étape de l'action* à certains points de vue, alors qu'ils stagneront à *l'étape de l'immersion* à d'autres points de vue. Il est possible également qu'un événement particulier puisse ramener les membres à une étape qu'ils croyaient avoir franchie, comme lors d'un changement dans l'organisation de la garde des enfants. Par contre, Papernow souligne que lorsque la famille a atteint la dernière étape, soit *l'étape de la résolution*, ces retours en arrière peuvent toujours se produire, mais ils sont généralement plus courts qu'en début de recomposition et ils provoquent moins de remous chez les membres de la famille. Maintenant que cette mise au point est faite, voyons quelles sont les principales caractéristiques reliées à ces sept étapes de développement.

Les premières étapes d'une recomposition familiale ou comment prendre le départ sans s'embourber (Prise 1)

Les trois premières étapes d'une recomposition familiale sont toutes marquées par le désir de former rapidement une nouvelle unité familiale d'une part et, d'autre part, par la prise de conscience de l'irréalisme de ce désir.

Lors d'une recomposition familiale, la plupart des individus s'attendent, consciemment ou inconsciemment, à ce que les événements se déroulent selon un certain scénario, et cela influence la manière dont les relations s'établissent dans la famille. Papernow parle de *l'étape fantaisiste*. Même si, durant la période des fréquentations, les adultes prennent conscience de l'irréalisme de certains de leur désir, ils gardent souvent des idées préconçues sur la manière dont « ça devrait se passer » dans la famille. L'auteur souligne que cette étape est parfois très douloureuse, car les attentes ont des liens profonds avec l'estime de soi et le sentiment de contrôler sa vie. Par exemple, les adultes croient que la famille est en train de bien s'organiser et que l'amour s'établit entre les enfants et le beau-parent, alors qu'en réalité les enfants continuent secrètement à souhaiter que leurs parents revivent ensemble, ou encore ils craignent de perdre ou de blesser leur parent s'ils aiment le beau-parent du même sexe. Papernow croit que les gens ne peuvent pas progresser dans la famille tant qu'ils ne parlent pas clairement de ces sujets et des déceptions qui y sont liées. Ils doivent ensuite accepter et dépasser leurs désillusions s'ils veulent poursuivre leur développement. Papernow note que cette étape s'apparente au processus de deuil.

Vient ensuite *l'étape de l'immersion*. La réunion de gens qui partagent des valeurs, des habitudes de vie et une histoire commune provoque souvent un véritable choc des cultures. Des enfants qui ont l'habitude de mettre leur manteau sur la poignée de porte vivent maintenant avec un beau-parent qui exige qu'en entrant on place les vêtements dans le vestiaire. Un parent et ses enfants apprécient les discussions très animées à table alors que le beau-parent croit qu'il est préférable de ne pas trop parler et de le faire calmement. Les tensions découlant de ces différents styles de vie ont souvent des effets déroutants et irritants pour tous les membres de la famille.

L'étape de l'immersion représente la période durant laquelle chaque membre de la famille doit « plonger » avec curiosité dans l'univers de l'autre et apprendre à y « nager » sans chercher à juger ou à blâmer. Toutefois, le contexte entourant la recomposition d'une famille rend cette tâche particulièrement difficile à réaliser. Le beau-parent qui doit s'intégrer dans l'univers intime d'un nouveau conjoint et de son enfant ressent fréquemment de la jalousie ou du rejet relativement à cette relation. Par ailleurs, il peut également se sentir coupable d'éprouver ce sentiment d'envie à l'égard des enfants ou avoir du ressentiment envers son conjoint et les enfants de celui-ci qui semblent l'exclure. Pour sa part, le parent peut se sentir totalement écartelé entre son ex-conjoint — avec qui il a encore des choses à régler sur les plans émotif et légal —, ses enfants — qui requièrent son attention et son soutien pour affronter douleurs, inquiétudes et colères —, et son nouveau conjoint — qui lui demande de l'aide pour affronter des situations dans lesquelles il se sent incompétent. De leur côté, les enfants sont souvent désorientés par les nombreux changements qu'ils subissent, comme de s'habituer à de nouvelles règles familiales, vivre un déménagement, changer d'école et de quartier, partager leur territoire avec d'autres enfants, etc. De plus, l'arrivée de nouveaux adultes dans leur vie engendre souvent des conflits de loyauté qui deviennent parfois très intenses si les enfants croient que leurs parents d'origine ne les autorisent pas à aimer ces nouveaux adultes. Tous ces bouleversements apportent de vives émotions chez la plupart des enfants. Trouver les mots pour dire ce qu'ils ressentent n'est pas une tâche facile. C'est pourquoi ils adoptent fréquemment des comportements inadéquats (cris, pleurs, colère, dépression, etc.) pour exprimer leur peine ou leurs inquiétudes. À cette étape, les membres de la famille ont conscience des problèmes. Par contre, la plupart sont incapables d'identifier clairement ce qui ne va pas, simplement parce que chacun vit l'événement à partir d'un point de vue différent.

Dans *l'étape de la prise de conscience*, le beau-parent commence à comprendre pourquoi il éprouve de la jalousie, du ressentiment et de l'incompétence. Après avoir cru qu'il était responsable de ce qui n'allait pas, maintenant il ou elle se rend compte que les émotions qui l'habitent proviennent de son sentiment d'être un étranger dans la famille. De plus en plus, il peut identifier des situations précises qui l'amènent à éprouver ce sentiment. Toutefois, lorsqu'il essaie de parler à son conjoint de ce qu'il ressent, il ne reçoit pas toujours l'attention qu'il souhaiterait. En fait, l'expérience familiale du parent est inhérente à la famille alors que celle du beau-parent lui est étrangère. Il est donc possible que le parent ait de la difficulté à éprouver de l'empathie lorsque son conjoint lui parle des sentiments négatifs qu'il éprouve envers les membres de sa famille. De plus, le beau-parent peut hésiter à convaincre le parent de s'engager dans ces discussions, tout simplement parce qu'il n'est pas encore certain d'avoir des droits dans cette famille. C'est pourquoi il veut une validation extérieure pour confirmer le bien-fondé de ce qu'il ressent et justifier ses demandes de changement. Sans cette validation, certains cherchent à s'isoler ou à se regrouper autour des liens antécédents. Dans les moments de tension, Papernow observe qu'il n'existe pas une famille unique, mais plusieurs mini-familles en interaction.

Si l'on peut considérer le beau-parent comme un agent de changement, il est clair que le parent est celui qui veut maintenir le statu quo. En fait, les parents se sentent souvent coupables des multiples transitions qu'ils ont fait subir à leurs enfants. Pour les protéger, ils évitent de leur demander des ajustements supplémentaires. C'est pour cette raison que certains parents résistent longtemps avant d'admettre que des changements sont nécessaires.

Par ailleurs, si une compréhension mutuelle entre conjoints amène l'empathie et la diminution des tensions, il est toutefois difficile, voire impossible, que les adultes fassent cette demande à leurs enfants. Ces derniers sont généralement incapables d'éprouver de l'empathie envers les adultes avant d'avoir atteint eux-mêmes une certaine indépendance émotive par rapport à leur parent[9]. Souvenons-nous que certains propos de notre père ou de notre mère ne sont devenus acceptables que lorsque nous sommes nous-mêmes devenus parents. Par conséquent, il revient aux adultes d'assister leurs enfants et leurs adolescents dans la compréhension de leurs sentiments en les aidant à mettre des mots sur ce qu'ils éprouvent.

---

9. VISHER, EB ET JS VISHER. *Therapy with Stepfamilies*. New York : Brunner/Mazel Publishers, 1996.

Dans un premier temps, les enfants doivent nommer leurs pertes. La recomposition familiale vient souvent confirmer la perte définitive de la première famille, provoque généralement la fin d'une relation privilégiée avec le parent gardien, entraîne toujours la disparition d'une routine sécurisante, engendre parfois un changement de garde, de maison, d'école, d'amis, etc. Même si la recomposition de la famille entraîne également des avantages, comme une augmentation des revenus et des personnes ressources, les enfants ne prennent habituellement conscience de ces gains qu'après avoir identifié les pertes qu'ils subissent. Les adultes qui reconnaissent l'expérience vécue par les enfants en leur accordant la permission de nommer leurs pertes, de parler de leurs conflits de loyauté, de discuter de leurs difficultés en rapport avec les règles en vigueur dans les différentes maisons qu'ils habitent, tout cela contribue à accélérer l'adaptation de leurs enfants lors de la recomposition. Par ces discussions imprégnées de l'empathie des adultes, les enfants peuvent commencer à cerner leurs besoins particuliers dans le cadre de leur nouvelle famille.

Selon Papernow, les membres d'une famille recomposée prennent habituellement de deux à trois ans pour traverser les trois premières étapes d'une recomposition familiale. Les plus rapides mettent de un an à deux ans, et les plus lents quatre ans ou plus. Il arrive cependant que certaines familles ne parviennent jamais à reconnaître que la position propre à chacun des membres dans la famille engendre des sentiments, des perceptions et des besoins particuliers. Ces familles n'arrivent généralement pas à quitter l'étape de l'immersion.

COMMENT MIEUX VIVRE CES TROIS PREMIÈRES ÉTAPES ?

- S'informer sur les étapes habituelles à franchir lors d'une recomposition familiale pour 1) avoir des attentes réalistes, 2) considérer ce qui est vécu comme un défi et non comme une indication que la nouvelle famille est en train d'éclater et 3) saisir ce que vit chacun des membres de la famille (enfants, beau-parent, parent, ex-conjoint), afin de comprendre leurs réactions.

- Améliorer ou maintenir des habiletés de communication et de résolution de problèmes, afin que les adultes puissent 1) apprendre à se parler de ce qu'ils vivent sans se blâmer l'un l'autre ni les enfants, 2) exprimer clairement leurs besoins, 3) clarifier leurs rôles et les règles à instaurer dans la famille et 4) aider les enfants à exprimer leurs émotions de manière constructive.

- Prendre du temps deux par deux, entre personnes non liées par des liens du sang (couple, beau-parent/bel-enfant ou enfants de deux familles différentes), plutôt qu'en groupe de trois afin 1) de tisser des liens entre des membres qui n'ont pas de liens biologiques et 2) d'éviter que deux membres ayant ces liens biologiques s'unissent naturellement contre un membre qui ne possède pas ces liens intimes.

- Laisser l'exercice de la discipline au parent biologique afin que le beau-parent puisse construire sa relation avec les enfants à partir de l'accumulation de souvenirs agréables plutôt qu'à partir de l'addition de demandes souvent contraignantes pour les enfants.

Les étapes mitoyennes (ou l'art de reconstruire les liens familiaux)

Lorsque les membres d'une famille atteignent les étapes mitoyennes, la plupart ont compris l'irréalisme de leurs désirs. Ils ont trouvé des mots pour exprimer ce qu'ils éprouvent et ont identifié certains de leurs besoins. Quelques-uns ont même commencé à comprendre que chacun vit une expérience unique en raison de sa position particulière dans la famille. Il reste cependant encore beaucoup à faire avant d'établir un sentiment d'appartenance commun dans la famille. Papernow observe que l'organisation familiale demeure toujours sous l'égide des liens biologiques et que, lors des moments de tension, les frontières entourant ces liens font encore ressortir la présence de plusieurs mini-familles en interaction. En d'autres mots, même si des liens se tissent entre les individus sans parenté, aucune des alliances qui en résultent ne résiste à la force des liens du sang. Les étapes mitoyennes servent à abattre les anciennes frontières relationnelles afin de les reconstruire en tenant compte des nouvelles relations à instaurer et à solidifier.

Le succès des étapes mitoyennes dépend en grande partie du travail qui a été réalisé et complété dans les étapes de départ. Plus les membres de la famille sont conscients et comprennent que les sentiments et les besoins de chacun diffèrent en fonction de la place qu'ils occupent dans la famille, plus vite ils identifient les liens à remodeler pour arriver à fonctionner comme une seule et même famille. Le défi consiste à exécuter ce travail assez vite pour éviter que le beau-parent ou l'unité parent-enfant moins dominante ne se décourage, et assez lentement pour que les enfants maintiennent un sentiment de sécurité. Selon Papernow, les familles prennent entre deux et trois ans, en moyenne, pour traverser ces étapes que l'auteur considère comme les plus difficiles à franchir lors d'une recomposition familiale.

Les étapes mitoyennes débutent avec *l'étape de la mobilisation*. Lorsque le beau-parent s'engage dans cette étape, il a suffisamment confiance en lui pour exprimer avec fermeté ses sentiments et ses désirs. Il se bat pour que ses goûts et ses besoins soient respectés et il est prêt à fragiliser la famille pour se faire entendre. Il a maintenant la certitude que des changements sont nécessaires pour qu'il se sente chez lui dans cette famille. À cette étape, le beau-parent demande généralement un meilleur encadrement pour les enfants, il réclame un territoire bien défini pour le couple et revendique des limites plus claires avec l'ex-conjoint.

De son côté, le parent commence aussi à exprimer ses besoins de manière plus énergique. Sa position dans la famille l'incite à lutter pour le statu quo, car il souhaite garder une routine familiale agréable et sécurisante pour ses enfants. De plus, pour éviter que ces derniers n'aient à subir d'autres pertes ou changements, il reste souvent plus disponible pour ses enfants que pour son conjoint. Pour ces mêmes raisons, il cherche également à garder la paix avec son ex-conjoint. À cette étape, le parent est déchiré entre les demandes insistantes de son conjoint et les besoins de ses enfants. Les conflits entre les conjoints sont plus intenses que dans les premières étapes, ce que le parent ressent souvent comme un échec.

Pour leur part, les enfants qui n'avaient pas encore vraiment exprimé ce qu'ils désiraient se mettent à parler avec plus de force et de conviction pour s'opposer ouvertement à l'addition de membres qui viennent bousculer leurs habitudes et déstabiliser leur famille. Plusieurs disent clairement qu'ils ne désirent pas faire partie de cette famille ou demandent carrément qu'on exclue ces étrangers. D'autres exigent que les adultes fassent des changements parce qu'ils ne veulent plus se sentir coincés entre leurs parents d'origine ou entre un parent et un beau-parent. Certains enfants veulent passer plus de temps avec leurs parents d'origine ou demandent une organisation de garde différente.

Même si cette étape est sans contredit marquée par le conflit, Papernow note que ceux qui ont pu exprimer calmement leur désir de changements lors des trois premières étapes sont moins surpris par les exigences de chacun et moins portés sur les conflits polarisés lorsqu'ils parviennent à l'*étape de la mobilisation*.

À l'*étape de l'action*, la famille commence à faire de grands changements pour réorganiser sa structure. La compréhension qu'elle a acquise au cours des étapes précédentes permet de poser des gestes susceptibles d'améliorer le fonctionnement familial. On instaure des règles et des rituels familiaux originaux pour marquer un nouveau territoire familial où chacun trouve sa place. Même si on a déjà fait des efforts en ce sens au cours des premières étapes, ceux-ci sont souvent restés infructueux parce qu'ils ne s'appuyaient pas sur une connaissance suffisante des autres membres de la famille. Pour Papernow, la véritable compréhension des besoins de chacun est un préalable essentiel aux changements durables.

Par ailleurs, il est primordial pour le succès de cette étape que les deux conjoints s'engagent dans la démarche. Ils doivent travailler ensemble à changer la structure familiale s'ils veulent diminuer la dominance des relations d'origine parents-enfants et renforcer les relations encore fragiles qui existent entre les membres qui n'ont pas ces liens. À cette étape, le beau-parent et les enfants commencent à interagir sans que le parent leur serve d'intermédiaire; s'il y a lieu, les enfants issus de familles distinctes fonctionnent de plus en plus comme une unité différenciée de leurs parents réciproques et le beau-parent a, occasionnellement, des relations plus directes avec l'ex-conjoint pour qui la famille a établi des limites précises. De plus, même si les conjoints admettent que le parent et ses enfants continuent d'avoir besoin de temps en tête-à-tête, ils comprennent et reconnaissent maintenant l'importance d'exclure les enfants de leur espace intime. Enfin, le couple travaille également à instaurer de nouvelles traditions qui tiennent compte de toutes les cultures en présence dans la famille.

Comment mieux vivre ces deux étapes mitoyennes ?

- Connaître les étapes de développement d'une recomposition familiale contribue à normaliser les affrontements qui sont nécessaires à la construction d'une vie familiale satisfaisante. Le fait de savoir que ces débats sont cruciaux pour l'évolution de la famille permet d'éviter, dans la mesure du possible, les périodes de crise.

- Acquérir (si ce n'est déjà fait) ou maintenir des habiletés de communication et de résolution de problèmes pour mieux gérer les conflits inévitables durant cette période et négocier des accords qui pourront satisfaire l'ensemble des membres de la famille. Ces accords incluent certains éléments issus du passé familial et d'autres proviennent des diverses cultures qui se sont ajoutées à la première famille.

- Favoriser les interactions directes entre les enfants et le beau-parent. Durant les trois premières étapes de développement, le parent occupe une position de médiateur qui lui permet d'aider son conjoint à établir sa relation avec les enfants. Maintenant que le beau-parent connaît mieux les enfants, le parent peut commencer à se retirer graduellement de cette position, laissant ainsi le beau-parent et les enfants construire leur relation librement. Le parent prend alors un rôle de soutien auprès d'eux.

• Établir des frontières claires entre le couple et les enfants. C'est-à-dire fermer la porte de la chambre, demander aux enfants de cogner avant d'entrer dans la chambre, prendre des vacances sans les enfants, etc. Le couple doit commencer à agir comme une équipe en tenant compte des besoins du beau-parent, sans oublier, bien sûr, ceux des enfants.

• Établir des frontières claires avec l'ex-conjoint afin de permettre aux enfants de passer facilement d'une maison à l'autre, et aux parents de communiquer librement au sujet de leurs enfants. Les règles et les décisions qui entourent le fonctionnement quotidien de la famille demeurent sous l'égide du beau-parent et de son conjoint.

Les dernières étapes d'une recomposition familiale (ou la consolidation des relations)

Dans les deux dernières étapes de la recomposition familiale, la plupart des tâches difficiles ont été effectuées. Le beau-parent commence à se sentir chez lui, le parent a cessé de se sentir coincé entre ses enfants et son conjoint, et les enfants ont trouvé leur place dans la famille. Le rôle du beau-parent est mieux défini et plus satisfaisant pour lui, et les enfants commencent à sentir que la famille est solide. Les membres sans lien d'origine peuvent maintenant travailler ensemble et habiter les nouveaux espaces relationnels qu'ils ont créés et qui leur sont propres.

Papernow observe qu'à cette étape, la relation entre le beau-parent et l'enfant est suffisamment développée pour être placée sous le signe de l'intimité et de l'authenticité. La famille commence également à fonctionner comme un tout, même si certaines questions peuvent occasionnellement encore la diviser en mini-familles.

La première étape de cette fin de parcours se nomme l'*étape du rapprochement*. Cette appellation représente l'intimité et l'authenticité qui caractérisent l'évolution des relations issues de la recomposition familiale se poursuivant durant cette période. Le trio relationnel composé du parent, de l'enfant et du beau-parent, qui prévalait durant les premières années de la recomposition, fait place graduellement à des duos relationnels d'où sont absents les liens d'origine. La relation conjugale se vit de plus en plus en présence des enfants et les relations beau-parent/enfants portent l'empreinte de l'intimité, même en présence du parent. Le rôle du beau-parent est maintenant bien défini et tous les membres de la famille reconnaissent le bien-fondé de cette définition. Il occupe une position unique qui le place dans une situation rêvée pour discuter avec les enfants de sujets délicats sans qu'aucun d'entre eux n'éprouvent d'inconfort émotif, comme c'est souvent le cas entre parents et enfants. D'ailleurs, les enfants considèrent souvent ce beau-parent comme « la personne idéale » pour échanger sur des sujets comme la drogue, le divorce des parents ou les rapports amoureux.

Durant *l'étape du rapprochement*, la vie familiale est plus facile et demande moins d'efforts. L'empathie et la curiosité qui découlent directement de la compréhension de l'autre permet aux membres de la famille de partager différentes perspectives sans se blâmer réciproquement. Les conjoints peuvent maintenant se faire confiance et s'aider mutuellement pour résoudre ensemble les difficultés qui restent concernant la recomposition familiale. Papernow associe cette étape à une période de « lune de miel » pour la famille.

L'étape de la résolution vient consolider les relations issues de la recomposition familiale, les rôles et les règles à l'intérieur de la famille, tout en soutenant l'émergence d'une histoire familiale commune. Les grands défis sont résolus et la famille évolue de plus en plus avec des sentiments de confiance, d'aisance et de normalité. Dans plusieurs familles, on a même établi une coopération entre les deux résidences des enfants. À cette étape, les membres de la famille sentent qu'ils partagent un même territoire dans lequel les nouveaux liens créés gagnent en solidité et en aisance. Malgré tout, les relations parents-enfants forment une catégorie à part.

Par ailleurs, même si ce ne sont pas tous les membres qui se retrouvent en même temps à *l'étape de la résolution*, plusieurs d'entre eux commencent à voir les avantages qui découlent de la recomposition. En général, ils se rendent compte que l'addition d'individus dans la famille n'est pas nécessairement un handicap ; ces personnes supplémentaires peuvent aussi représenter des ressources additionnelles. Enfin, Papernow croit que le plus grand bénéfice rattaché à cette étape concerne la sensation de vivre dans une famille solide et enrichissante.

Certaines familles peuvent traverser en quatre ans toutes les étapes de développement décrites par Papernow. L'auteur note cependant que le cycle met généralement sept ans à s'effectuer. Pour Papernow, la recomposition familiale n'est pas un événement en soi, c'est un processus qui s'étale sur plusieurs années.

COMMENT MIEUX VIVRE CES DEUX DERNIÈRES ÉTAPES ?

- Compléter la définition du rôle du beau-parent, car bien que ce rôle puisse prendre différentes formes, certaines caractéristiques semblent essentielles pour s'y trouver bien. Papernow conseille aux beaux-parents 1) d'exercer leur rôle en tenant compte de leur style personnel et de leurs forces, 2) d'éviter de prendre le rôle du parent de même sexe ou d'entrer en concurrence avec lui, 3) de viser l'approbation et le soutien du parent d'origine ainsi que l'assentiment des enfants et 4) d'établir une frontière intergénérationnelle qui permette de passer d'un rôle d'ami, souvent bien adapté aux premières étapes, à un rôle d'enseignant ou de modèle, qui apparaît plus adéquat avec le temps.

- Identifier ce qui a été fait, ce qui reste à régler et, surtout, accepter ce qui ne pourra être changé. Selon Papernow, les recompositions familiales réussies sont celles où la cohésion entre les membres est moins élevée, mais où la flexibilité est plus grande que dans les familles biparentales traditionnelles. Il s'agit de qualités permettant de tenir compte de leur réalité structurelle. *L'étape de la résolution* est une période durant laquelle les membres ont à identifier et à accepter ces caractéristiques.

L'examen des étapes de développement proposées par Papernow montre toute la dualité associée à la position occupée par chacun des membres de la famille. La compréhension de cette dualité permet de concevoir les problèmes dans une perspective plus large que celle des difficultés strictement individuelles. Aussi, même si la recomposition d'une famille reste un défi important pour toutes les personnes qui vivent cette transition, elle peut maintenant s'inscrire dans un contexte évolutif normal, tout comme le sont des étapes telles que l'adolescence, la venue d'un premier enfant ou un mariage. Nous croyons que cette approche est plus productive, car elle permet de sortir les individus de leur sentiment d'incompétence en les prédisposant à agir d'une manière qui ne peut que renforcer leur estime de soi.

Chapitre 3

Les enfants et les adolescents face à la recomposition familiale

▼

On compare souvent l'impact de la recomposition familiale sur les jeunes aux effets observés lors de la séparation des parents. Il s'agit pourtant d'une situation qui n'entraîne généralement pas de rupture, mais plutôt l'intégration de nouvelles personnes dans l'environnement familial. Alors pourquoi un événement positif en soi crée-t-il tant de remous?

Parce qu'il fait peur...

Parce qu'il constitue une menace...

Parce qu'on ne sait pas ce qu'il va entraîner...

Parce qu'on ne veut ni d'un nouveau père ni d'une nouvelle mère...

Parce qu'on était bien comme c'était avant!

Philippe, 10 ans, raconte: *Depuis le divorce de mes parents, je m'attends au pire. Mais ça, c'est pire que tout ce que j'avais imaginé!* [10]

Comme on peut le constater, la séparation des parents n'est souvent que le point de départ d'une série de transitions familiales susceptibles d'avoir un impact sur l'adaptation des

---

10. LACHANCE, M. *Les enfants du divorce*. Éditions de l'Homme, 1979. p.151.

enfants. Les études disponibles permettent d'établir que si l'éclatement de la première famille comporte des difficultés certaines pour les enfants et les adolescents, il est fréquent que la recomposition familiale fasse appel à une capacité d'adaptation tout aussi grande. La figure qui suit, extraite du livre *Les parents se séparent… Pour mieux vivre la crise et aider son enfant*[11], illustre les étapes qui précèdent généralement une recomposition familiale.

LE CYCLE DES RÉORGANISATIONS FAMILIALES

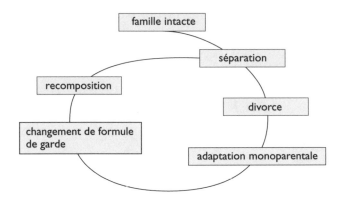

Ce schéma illustre le grand nombre de jalons marquant la trajectoire des familles vivant une recomposition familiale. Chacune de ces étapes fait appel à une grande capacité d'adaptation de la part des adultes et des enfants et ce, tant sur le plan émotif qu'organisationnel. À l'âge de six ans, près d'un petit Québécois sur quatre, né en 1987-1988, a connu la vie

---

11. CLOUTIER, R, L FILION ET H TIMMERMANS. *Les parents se séparent… Pour mieux vivre la crise et aider son enfant*. Montréal : Hôpital Sainte-Justine, 2001.

en famille monoparentale, surtout parce que ses parents se sont séparés. On observe notamment que deux à trois ans après cette rupture, 45 % de ces enfants ont vu un de leurs parents former une nouvelle union. Dix ans plus tard, ce pourcentage atteint 85 %[12]. Il faut également prendre en considération le fait que la recomposition familiale ne vient pas « effacer » les événements qui ont pu entourer la séparation des parents et qu'une partie des réactions des enfants à cette nouvelle transition peut être associée à la séparation, voire à des événements ayant précédé la rupture.

Quelles sont les réactions des enfants face à la recomposition familiale ?

Ne vous étonnez pas qu'au moment de la recomposition familiale, votre enfant se remette à poser des questions sur le pourquoi de votre séparation, sur la possibilité que papa et maman revivent ensemble, etc. En effet, la décision de vivre avec un ou une nouvelle partenaire rend plus évident pour l'enfant le caractère définitif de la désunion de ses parents. De plus, on constate qu'indépendamment de leur âge (même une fois devenus adultes), les gens qui ont connu la séparation de leurs parents entretiennent souvent le fantasme de les réconcilier.

 Ce qui les aide

Il est souvent nécessaire et aidant de rappeler à l'enfant :

- les raisons concrètes de la séparation ;
- qu'il n'est pas responsable de cette séparation ;

12. MARCIL-GRATTON, N. « La famille éclatée ». *Interface*, 2000, vol.21(1), p. 42-45.

- qu'il ne peut rien faire pour favoriser la réunification de ses parents;

- que vous êtes bien déterminé à ce que le projet de recomposition familiale soit une réussite.

Au sujet des raisons « concrètes », on s'attardera particulièrement à fournir à l'enfant:

- des raisons qu'il peut comprendre;

- des raisons qui permettent à l'enfant de conserver une image positive de ses deux parents.

La recomposition familiale peut sécuriser les enfants

Certains enfants, au moment de l'arrivée du nouveau conjoint, se sentent soulagés, parfois plus en sécurité. Michel, 16 ans, dont la mère s'est remise en ménage alors qu'il avait sept ans, nous dit ceci quand on lui demande s'il y a des avantages à vivre en famille recomposée: *Je suis en sécurité, ça c'est sûr. S'il m'arrive quelque chose, je sais que mon beau-père est là.*

Elle peut aussi être perçue comme une menace

Par contre, d'autres enfants se sentent menacés par l'arrivée d'un beau-parent. En effet, les enfants peuvent craindre que le parent soit blessé par cette personne. Plusieurs adultes vivant en famille recomposée nous ont confié à quel point leurs enfants sont sensibles aux désaccords et aux conflits qui peuvent survenir au sein du couple recomposé. Il faut toujours garder en mémoire que la plupart des enfants de familles recomposées ont connu la séparation de leurs parents et les inévitables conflits et tensions qui y sont associés. Durant l'épisode de monoparentalité, il n'est pas rare que les enfants aient été témoin de la tristesse et de la peine du parent.

L'arrivée d'un nouveau conjoint peut faire craindre à l'enfant que le parent soit encore une fois blessé.

Le beau-parent peut aussi être perçu comme une menace au temps et à l'amour que le parent peut consacrer à son enfant. Si une mère peut quitter un père, est-ce qu'un parent peut quitter son enfant ? Si je ne vois presque plus mon père depuis qu'il vit avec sa nouvelle conjointe, est-ce que ma mère va s'éloigner de moi parce que son ami vient vivre avec nous ? Ces craintes ne sont pas que pur fantasme. En effet, la recomposition familiale vient réduire le temps dont dispose le parent puisqu'il doit maintenant partager temps et affection entre ses enfants et son nouveau partenaire. Cette diminution du temps est d'autant plus ressentie que les épisodes de vie en famille monoparentale sont généralement marqués par un rapprochement parent-enfant. L'arrivée d'un nouvel adulte entraîne nécessairement une diminution du temps et de l'intimité consacrés à la relation parent-enfant.

Ce qui les aide

Selon toute apparence, les enfants qui ne se placent pas en position de concurrence vis-à-vis du beau-parent (et vice-versa), notamment en saisissant que l'amour entre adultes et entre un parent et son enfant n'est pas de même nature, s'adaptent plus facilement à la nouvelle situation.

L'HISTOIRE DE CLAUDETTE

Claudette, 16 ans, vit en famille recomposée depuis cinq ans. Au moment de la séparation de ses parents, elle vivait en garde partagée. Sa mère s'est remise en couple à deux reprises, tandis que son père vit avec la même conjointe depuis quatre ans. Il s'agit d'une jeune fille assez philosophe, qui nous tient les propos suivants: *D'habitude, quand le parent n'a pas de blonde ou de chum, on se rapproche de lui; moi, avant, je trouvais ça super, sauf que si mon père a une blonde, je dois être assez mature pour accepter de ne plus être le numéro un. Souvent les enfants, on a une place à partager, on n'a pas le choix; il faut qu'on devienne plus ouverts parce qu'on n'a plus toute l'attention qu'on veut. C'est ça qu'on apprend, on peut voir à quel point on a de l'amour pour nos parents si on accepte que notre mère ou notre père soit heureux, si on accepte de le partager un peu, de faire de la place à l'autre.*

Cet amour que le parent porte au nouveau conjoint semble par ailleurs plus facile à accepter lorsque le jeune saisit qu'il est de nature différente que celui que porte un parent à son enfant: *Si ta mère décide de vivre avec lui ou si ton père décide de vivre avec elle, c'est parce qu'il l'aime, et il t'aime toi aussi en tant qu'enfant.* Ne vous étonnez pas que votre enfant remette en question l'amour que vous lui portez. Et les enfants obtiennent souvent leurs réponses en faisant des tests.

Aussi est-il important de montrer à l'enfant qu'on l'aime toujours et qu'il occupe une place aussi importante qu'avant dans notre vie et dans notre cœur.

Maintenir la communication avec l'autre parent

Plus un enfant se sent en sécurité dans sa relation avec ses parents, plus la vie lui a montré que les liens demeurent au-delà des transitions familiales, plus il est enclin à s'investir positivement dans la nouvelle famille. Cela nous amène à parler de l'autre parent. Que votre jeune vive la garde partagée ou, à l'autre extrême, qu'il ne voit que rarement son parent non gardien, il doit maintenir des sentiments positifs à l'égard de ses deux parents pour s'adapter à la recomposition familiale. Idéalement, tous les enfants qui ont connu la séparation de leurs parents devraient avoir accès à leurs deux parents de manière régulière et prévisible.

Bien que le projet de former une famille recomposée soit une décision d'adultes, les jeunes devraient avoir un droit de parole face à cette éventualité qui les concerne directement. Accepter d'entendre comporte cependant le risque de ne pas se faire dire ce que l'on souhaiterait. Toutefois, le jeune qui ne pourra s'exprimer en mots trouvera une autre manière (peut-être encore plus difficile à accepter) d'exprimer sa position. Un droit de parole ne signifie pas que c'est au jeune de décider, mais bien qu'il a le droit :

- de donner son opinion ;
- d'exprimer ses craintes ;
- de montrer sa tristesse et sa colère ;
- de manifester son désaccord ;
- d'être entendu et accepté par son parent.

La difficile question de l'autorité dans les familles recomposées

S'il est un point litigieux dans les familles recomposées, c'est bien celui du rôle d'autorité qui revient au beau-parent. Un peu ? Beaucoup ? Passionnément ? Sans doute vaudrait-il mieux parler de « graduellement ». Nous examinerons cet aspect en détail dans le prochain chapitre. Pour l'instant, contentons-nous de présenter les règles d'or de l'exercice du rôle d'autorité par le beau-parent.

LES RÈGLES D'OR DE L'EXERCICE DU RÔLE D'AUTORITÉ
PAR LE BEAU-PARENT

1. Clarifier d'abord chez le couple, les règles et les
   attentes que l'on a vis-à-vis des enfants. Partager ses
   attentes avec le jeune, lui demander son avis, négocier.
   En dernier lieu, le parent est celui qui a le dernier *mot*.

2. Au début de la relation, l'autorité est exercée par le
   parent. Le beau-parent appuie le parent.

3. Lorsqu'une relation significative est amorcée avec
   l'enfant, le beau-parent peut commencer à exercer directement son autorité auprès de l'enfant. Le parent
   appuie le beau-parent. Les désaccords entre parent et
   beau-parent au sujet de l'exercice de l'autorité sont
   abordés et réglés en dehors de la présence des enfants.

4. Plus les enfants sont âgés, plus l'exercice de l'autorité
   parentale doit demeurer la responsabilité des parents.

5. Un beau-parent qui ne joue pas un rôle d'autorité a
   tout de même un rôle à jouer. Son engagement auprès
   des jeunes et de son conjoint est très important.

6. Un beau-parent, comme tous les autres membres de
   la famille, doit exiger d'être respecté.

Les enfants souhaitent le bonheur de leurs parents

Il faut insister sur le fait que les enfants souhaitent généralement que la recomposition réussisse, même en dépit
des apparences. Surtout, ils veulent que leurs parents soient
heureux. Deux adolescents nous confient : *Le cadre est meilleur,
il me semble, un homme et une femme. De voir mon père heureux,
il me semble que ça change son humeur. Et pour ma mère c'est dur*

de vivre toute seule à élever des enfants. C'est surtout pour ma mère et mon père, parce que moi, vivre seule avec ma mère, je ne pense pas que j'aurais des problèmes.

La qualité des relations

L'adaptation des enfants à une situation de recomposition passe par la qualité des relations qui se développeront entre les différentes personnes qui forment la famille. Plusieurs facteurs contribuent à la qualité des relations entre beau-parent et enfant :

- le **temps** : une relation de qualité ne se développe pas instantanément ;
- l'**espace** : une relation de qualité ne peut se construire par l'entremise du parent. Enfant et beau-parent doivent faire des choses ensemble, indépendamment du parent ;
- la « **chimie** » des personnalités : dans la vie, il y a certaines personnes avec qui on partage plus d'affinités qu'avec d'autres.

Enfin, un dernier élément très important :

- la **liberté** : c'est-à-dire que l'enfant doit sentir qu'il a la permission de s'investir auprès du beau-parent. L'enfant peut penser ou percevoir que le parent non gardien sera fâché ou attristé s'il développe une bonne relation avec le beau-parent.

Un enfant qui n'a pas cette permission peut éprouver ce que l'on appelle dans le jargon professionnel un « conflit de loyauté », c'est-à-dire que voulant être loyal à son parent biologique, il s'interdira d'être bien avec le beau-parent. En général, on dit qu'un enfant est « placé » en conflit de loyauté. Cela signifie que ce sont généralement les adultes qui lui envoient des messages directs ou indirects, conscients ou inconscients, pour lui faire comprendre qu'il ne peut s'attacher, avoir du plaisir ou faire confiance à d'autres figures parentales que son père et sa mère sous peine d'attrister ou de fâcher son parent. Ce genre de situation place évidemment les jeunes de familles recomposées dans une position intenable et tout à fait en contradiction avec leur organisation familiale concrète.

Ce qui les aide

Cuerrier, qui a développé un programme d'intervention destiné à soutenir les familles recomposées (*Learning to Step Together*), nous rappelle que les enfants doivent constamment choisir *qui* aimer et *jusqu'où* ils peuvent aimer, *à qui* donner de l'attention et de l'affection et *combien* d'affection donner. On devrait absolument :

1. les encourager à avoir une relation ouverte et accessible avec les deux parents d'origine. Ils seront ainsi plus capables de se détendre et de développer une relation avec le beau-parent, car ils se sentiront libres ;

2. leur permettre de développer une relation positive avec le beau-parent sans que cela ne menace la relation qu'ils ont avec le parent non gardien.

Les enfants de familles recomposées vont-ils bien ?

Les chercheurs, tout comme les intervenants sociaux, ne s'entendent pas nécessairement sur la proportion de jeunes qui sont affectés négativement par la recomposition familiale. Une première source de confusion vient du fait que la définition de ce qu'est « un jeune qui va bien » varie considérablement. En général, toutefois, on examine particulièrement les problèmes de comportement qu'un jeune manifeste (très opposant, bagarreur, dépressif, isolé, peu sûr de soi, consommateur de drogues et d'alcool), et on observe son estime de soi, sa réussite scolaire, etc.

Au-delà de ces controverses, force est de reconnaître que si la majorité des jeunes de familles recomposées fonctionnent normalement, leur niveau d'adaptation est généralement plus faible que celui des jeunes de familles biparentales intactes sans pour autant pouvoir être qualifié de problématique ou de pathologique [13].

Toutefois, alors qu'environ 10 % des enfants éprouvent des problèmes de comportement assez sérieux pour devoir consulter un professionnel, cette proportion est de 20 % lorsqu'on s'en tient aux enfants vivant en famille recomposée [14]. Avant de tenter de comprendre pourquoi certaines jeunes de familles recomposées éprouvent tant de difficultés d'adaptation, nous examinerons les problèmes passagers associés à une réaction saine face aux grands changements qui surviennent dans la vie de l'enfant.

Notons que les réactions des jeunes face à la recomposition familiale varient en fonction de leur âge. Dans les tableaux qui suivent, nous faisons état des réactions propres aux étapes de développement des enfants et des adolescents. Il s'agit de réactions « possibles » et non automatiques. Il faut garder à l'esprit que le fait de « réagir » est un signe d'adaptation très sain. Nous mentionnons aussi certaines attitudes et certains comportements qui peuvent aider l'enfant à affronter les changements dans sa famille, ce qui s'ajoute aux suggestions faites jusqu'ici.

13. Bray, JH. « Stepfamilies : The intersection of culture, context and biology ». *Monographs of the Society for Research in Child Development*, 1999, 64 (4) : 210-218.
Saint-Jacques, M-C. 2000. op. cit.
14. Bray, JH. 1999. op. cit.

Il faut aussi garder à l'esprit qu'enfants et adolescents ne sont pas interpellés de la même manière par la recomposition familiale. En effet, l'enfant est plus captif, dépendant et centré sur la famille immédiate. L'adolescent de son côté cherche à prendre une distance par rapport à sa famille, il doit affirmer son individualité et a besoin pour ce faire d'autonomie et d'occasions de développer son monde social au-delà de ses parents. Lors de la période du processus d'individuation de l'adolescent, ce dernier peut développer soudainement un grand intérêt pour le parent non gardien et provoquer des conflits dans la relation entre le beau-parent et l'enfant. Il est d'ailleurs démontré que 20 % des jeunes traversant cette période emménageront chez le parent non gardien de façon temporaire ou permanente[15].

Une recomposition survenant à l'une ou l'autre de ces périodes ne sera pas vécue de la même manière, n'apportera pas la même contribution au développement du jeune. Lorsque la famille recomposée comprend des adolescents, il est avantageux de ne pas entretenir d'attentes irréalistes en matière de projet familial.

De nombreuses études ont démontré que la présence d'adolescents au sein d'une famille recomposée est perçue comme comportant plus de difficultés. On saisit encore mal les raisons qui expliquent cette situation. Est-ce une question d'interactions beau-parent/adolescent ou tout simplement parce que la vie avec des adolescents est plus houleuse, peu importe le type de famille? Voici ce que soulignent deux psychologues québécois s'étant beaucoup penchés sur la situation des familles recomposées : « Plus le beau-parent arrive tard dans la vie de l'enfant, moins il pourra en influencer le

---

15. Bray, JH. 1999. op. cit.

cours. S'il est moins "parent" et plus "beau", leur relation sera plus aisée[16].» Ce sont les enfants, plutôt que les adolescents qui seront le plus influencés par la recomposition, en raison des années qu'ils passeront au sein de cette famille. Cela nous amène à distinguer l'intensité des réactions de leur potentiel à affecter l'enfant positivement ou négativement.

Votre bébé (0-2 ans) [17]

Réactions possibles	Ce qui l'aide
• Être anxieux et effrayé de se séparer de ses parents • Régresser • Avoir davantage besoin que l'on s'occupe de lui	• Que les adultes prennent bien soin de lui, tant sur les plan affectif que des soins • Que les habitudes et routines soient maintenues • Qu'on lui parle du changement

Votre petit enfant (3-5 ans)

Réactions possibles	Ce qui l'aide
• Réagir comme les plus petits • Croire que ce sont ses pensées négatives qui ont causé la séparation des parents	• Comme les bébés • Lecture de livres destinés à ce groupe d'âge • Être situé dans le temps, c'est-à-dire : Quand vais-je chez papa ? Quand vais-je

---

16. Marino, G et F Fortier. *La nouvelle famille*. Montréal : Stanké, 1991.

17. Ces tableaux sont construits à partir des écrits des auteurs suivants : Cuerrier, C. *Learning to Step Together*. Palo Alto, CA : Stepfamily Association of America, 1982 ; Marino, G et F Fortier. 1991. op. cit. ; Saint-Jacques, M-C. 2000. op. cit. ; Visher, EB et JS Visher. 1996. op. cit., et des propos de nombreux parents.

• Manifester des comportements agressifs • S'opposer plus	chez maman ? Cela peut se faire à l'aide d'un calendrier comprenant deux couleurs (une pour maman et une pour papa)

Votre grand enfant (6-11 ans)

Réactions possibles	Ce qui l'aide

• Manifester des signes de dépression et d'agressivité
• Penser que ses parents se sont séparés à cause de son mauvais comportement
• Désirer réconcilier ses parents
• Chercher à exclure le beau-parent considéré comme un obstacle à la réconciliation des parents
• Prendre le parti d'un parent; lui manifester une loyauté excessive et attribuer à l'autre la responsabilité de la séparation des parents.
• Réagir négativement à un changement de rang dans la fratrie
	• Ne modifier dans son environnement que ce qui doit absolument l'être (routine, maison, quartier, école, activités, contacts avec le parent non gardien, etc.)
	• Expliquer clairement ce qui va changer et ce qui ne changera pas:
	  — où il va vivre
	  — avec qui il va vivre
	  — qui va s'occuper de lui
	  — quand il verra son autre parent
	  — comment le parent et le beau-parent envisagent que cela fonctionne dans la maison

Votre adolescent (12-17 ans)

Réactions possibles	Ce qui l'aide
• Stressé et tendu : la recomposition familiale est un événement stressant qui vient se superposer au stress et à la tension émotive ressentis à l'adolescence	• Tout comme les plus jeunes, clarifier certains faits de base (où il va vivre, etc.)
• Distant : cherche à prendre une distance par rapport à la famille, ce qui ne doit pas nécessairement être interprété comme un refus de la recomposition	• Respecter son intimité
	• Impliquer le parent non gardien dans les décisions impliquant l'adolescent. Se parler entre ex-conjoints, établir des consensus, afin de ne pas se faire manipuler par l'adolescent
• Demander d'aller vivre avec le parent non gardien (afin de poursuivre le développement de sa propre identité)	
• Avoir tendance à faire le procès de ses parents	• Laisser au parent l'exercice de l'autorité, du moins tant qu'une relation significative ne s'est pas développée entre l'adolescent et le beau-parent
• Refuser que le beau-parent intervienne auprès de lui	
• Manifester des comportements et des attitudes agressives à l'endroit de la quasi-fratrie	• Entendre et discuter le désir du jeune d'aller vivre avec l'autre parent. Distinguer les besoins réels de vivre avec l'autre parent des manœuvres visant à s'opposer au projet de recomposition du parent
• Manifester certains problèmes de comportement (ex.: bagarreur, école buissonnière, petits délits)	

• Désirer s'émanciper plus tôt de la famille. • Résister à s'engager dans des relations chaleureuses avec le beau-parent et les enfants de ce dernier, notamment afin d'éviter toute promiscuité sexuelle	

À tout âge :

- les enfants doivent être fréquemment rassurés sur le fait qu'ils continueront d'avoir une place dans cette nouvelle famille et que leurs parents les aiment;

- ils doivent poursuivre leur vie d'enfant ou d'adolescent.

La lecture de toutes ces réactions vous effraie ? Rappelez-vous qu'il s'agit d'un éventail de réactions possibles et non automatiques. Cependant, pour mettre toutes les chances de son côté, il peut être utile de porter une attention particulière au démarrage de votre projet.

Comment prendre le départ sans s'embourber ? (Prise 2)

La plupart des familles recomposées vous confieront que les premières années sont les plus difficiles. Dans les parties précédentes, nous avons évoqué plusieurs éléments qui aident les jeunes à s'adapter à la recomposition familiale. Le tableau qui suit propose une synthèse des conditions propres au début du projet de recomposition et qui favorisent ou nuisent à l'adaptation des jeunes [18].

---

18. Extrait de SAINT-JACQUES, M-C, R LÉPINE, C PARENT. « La naissance d'une famille recomposée : Une analyse qualitative du discours d'adolescents et d'adolescentes. » (soumis)

CONDITIONS FAVORABLES	CONDITIONS DÉFAVORABLES
La connaissance : • Connaissance graduelle avec le beau-parent • Présentation officielle du nouveau conjoint	La connaissance : • Connaissance brusque et soudaine • Être mis devant le fait accompli, sans annonce claire ; surprise pour le jeune
Les activités : • Présence d'activités familiales partagées avant la cohabitation et au cours des premiers mois • Présence d'activités exclusives entre le jeune et son beau-parent (la meilleure stratégie)	Les activités : • Aucune activité en particulier • Activités jugées déplaisantes ou qui excluent le jeune (Pas de relation personnelle avec le beau-parent ou sentiment d'être délaissé par son parent)
L'habitation : • Que tout le monde déménage dans un nouveau lieu semble faciliter les choses (sauf si cela entraîne un changement d'école ou de quartier)	L'habitation : • Plus difficile quand le parent va vivre chez le nouveau conjoint ou quand le beau-parent emménage chez le jeune
Vers la première année : **Quand c'est facile** • Avoir une bonne entente avec le beau-parent avant la	Vers la première année : **Quand c'est difficile** • Le parent passe moins de temps avec l'enfant

CONDITIONS FAVORABLES	CONDITIONS DÉFAVORABLES
Quand c'est facile (suite) cohabitation et que le beau-parent s'engage au cours des premiers mois • Avoir un peu de temps pour se connaître et s'adapter à la nouvelle situation • Que tout le monde y mette du sien	**Quand c'est difficile (suite)** • Présence d'enfants du nouveau conjoint ou nés de la nouvelle union (sentiment de perte et de jalousie)
Quand ça devient plus facile avec le temps : • Avoir vieilli et mieux comprendre • Se sentir comme une vraie famille • Être rassuré par son parent • Le beau-parent est gentil, attentif et à l'écoute des besoins du jeune	Quand ça reste difficile avec le temps : • Attitude du beau-parent (contrôle, autorité et discipline avant d'établir une relation positive, préférence pour ses propres enfants) • Ambiance familiale conflictuelle (conflits entre le beau-parent et un autre membre de la famille) • Vivre une « crise d'adolescence »

On retiendra particulièrement de ce tableau qu'une recomposition familiale est un projet :

- qui se planifie ;
- pour lequel on prend son temps ;
- pour lequel on donne du temps ;
- vis-à-vis duquel on se donne du temps.

Nous aimerions terminer ce chapitre en évoquant les propos de Sylvie, une adolescente de 13 ans dont les parents, séparés depuis cinq ans, vivent chacun avec un nouveau conjoint.

Dis donc Sylvie, selon ton expérience, qu'est-ce qui rend heureux un jeune vivant en famille recomposée ?

Il faut que tu aies comme un petit être avec toi, pas nécessairement qui écoute, mais pas nécessairement tes parents ou tes amis, ça peut être un toutou, un chien, un chat, parce que tu sais, lui, il te comprend c'est sûr, puis il ne répétera pas ce que tu lui dis. Ça te permet de te confier, de ne pas tout garder en dedans, parce que ça peut faire mal plus tard.

Il faut aussi dire à ses parents ce qu'on ressent à la suite de leur séparation, puis il faut en parler et en parler encore.

Je pense aussi que les enfants de familles recomposées qui vont bien, c'est parce que leurs parents vont bien.

CHAPITRE 4

LES ADULTES FACE
À LA RECOMPOSITION FAMILIALE

▼

L'HISTOIRE DE MARIE ET JACQUES

Marie et Jacques se connaissent depuis un an et demi. Jusqu'à leur rencontre, Marie vivait seule avec sa fille de 14 ans. Pour sa part, Jacques a quatre enfants issus d'une première union : François (16 ans), Geneviève (15 ans), Hugo (13 ans) et Dominique (6 ans). Depuis son divorce, il y a deux ans, ses enfants lui rendent visite une fin de semaine sur deux, et ils viennent souper avec lui chaque mercredi soir.

Marie et Jacques décident, il y a un an, d'acheter une maison et de vivre ensemble. Après seulement quelques mois de cohabitation, leur relation commence à être plus tendue. Marie reproche à Jacques de ne pas assez encadrer ses enfants, alors que Jacques considère qu'ils ont des comportements normaux pour leur âge.

Après un an de cohabitation, lorsque les enfants de Jacques viennent en visite, Marie a encore l'impression qu'un véritable raz-de-marée fait irruption chez elle. De plus, en leur présence elle continue de se sentir comme une étrangère dans sa propre maison. Pour sa part, Jacques ne saisit pas toujours pourquoi Marie n'est pas heureuse. Chose certaine, il se sent souvent coincé entre son amour pour elle et celui qu'il éprouve pour ses enfants.

La plupart des couples qui débutent leur vie en famille recomposée se rendent compte qu'ils ont à faire face à des défis plus grands que prévus et pour lesquels ils ne sont pas toujours bien préparés. L'une des principales caractéristiques de la famille recomposée est sa complexité. Par conséquent, on peut s'attendre à se sentir un peu perdu au début et même parfois dépassé.

Deux principaux défis attendent les couples qui recomposent une famille : établir une relation conjugale solide et établir des relations parentales harmonieuses.

Établir une relation conjugale solide

À l'origine de toutes les recompositions familiales, il y a un projet amoureux. Même si les conjoints ont des enfants et qu'ils tiennent compte généralement des qualités de parent de leur partenaire lorsqu'ils prennent la décision de recomposer la famille, il reste que cette décision est d'abord fondée sur leur espoir de connaître une relation conjugale enrichissante. Si, pour diverses raisons, cet espoir s'avère trop difficile à réaliser, il y a de fortes chances que la famille éclate à nouveau. C'est pourquoi bien des chercheurs et des cliniciens considèrent que la relation conjugale est au cœur de la réussite de ces familles.

Comme la plupart des couples qui s'engagent dans un projet de vie commune, les conjoints recomposant une famille entretiennent souvent des idées peu réalistes sur leur avenir.

Étant donné qu'il est difficile de tout prévoir, les amoureux ont une tendance naturelle à faire confiance et à opter pour une vision plutôt positive de leur avenir conjugal et familial. Les tâches terre à terre liées à la présence des enfants nés des autres unions ramène souvent les amoureux à des considérations plus réalistes qui mettent rapidement fin à leur « lune de miel ». Même chez les couples qui reçoivent les enfants une fin de semaine sur deux, les tâches parentales demeurent omni-présentes. Il n'est pas essentiel que les enfants soient présents physiquement dans la maison pour que la peine d'amour de l'aîné, les difficultés scolaires du second ou le prochain camp de vacances du plus jeune fassent partie des préoccupations quotidiennes des conjoints-parents.

Parallèlement à ces préoccupations, au moins un des deux conjoints doit réussir à s'intégrer dans un univers où des individus partagent une culture, des valeurs et des façons de fonctionner qui ont été savamment peaufinées au fil du temps. Avant que ce conjoint connaisse les traits de caractère de chacun, qu'il ait identifié les principales habitudes de la famille et qu'il soit en mesure de prédire la manière d'agir ou de réagir de tous les membres, il peut s'écouler beaucoup de temps. Par conséquent, le nouvel arrivant se sent parfois totalement incompétent et vit beaucoup d'insécurité en rapport avec les comportements à adopter dans la famille.

Il y a aussi l'autre parent, cet ex-conjoint dont la présence peut se fait sentir à tout moment pour des raisons aussi di-verses que l'achat d'un nouveau manteau pour un enfant ou un changement dans l'horaire de visite des enfants. Parfois, ces manifestations s'accentuent lors de la recomposition familiale parce que l'ex-conjoint nourrit secrètement certaines inquié-tudes au sujet du nouvel arrivant. Ce dernier peut-il lui ravir l'amour de ses enfants ? Prend-il soin adéquatement de ses enfants ? Jusqu'à quel point cet étranger influence-t-il la vie des êtres que le parent aime le plus au monde ? Accepter qu'un inconnu vive en intimité avec ses enfants n'est certainement pas une chose facile pour l'autre parent. Par contre, il est tout aussi éprouvant pour le nouveau couple de vivre avec l'intrusion périodique de ce parent dans un quotidien où les imprévus sont déjà chose courante.

Enfin, le parent des enfants et conjoint dans la famille recomposée a aussi sa propre expérience de la recomposition familiale. Personnage central dans la famille, il sert de pont entre tous les membres et c'est lui (ou elle) qui reçoit la plupart des demandes provenant des enfants et des adultes. Dans un contexte où les besoins des uns s'opposent généralement à ceux des autres, satisfaire tout le monde lui apparaît une tâche gigantesque. Le conjoint-parent se sent souvent tiraillé du fait d'être ainsi placé au centre des débats dans lesquels chacun tente de lui arracher temps, présence, ressources et assentiment.

Dans un contexte où chacun vit les événements de manière très différente, il est impératif d'établir une relation conjugale solide, parce que la famille repose en grande partie sur la capacité des conjoints à faire face ensemble aux difficultés. Or, au début de la recomposition familiale, les liens qui unissent les conjoints sont beaucoup moins solides que ceux qui relient les parents à leurs enfants. C'est pourquoi, lorsque survient des moments de tension, la tendance naturelle des adultes consiste à protéger leurs progénitures respectives plutôt que de faire équipe pour contrer ces difficultés. Cette attitude ne favorise pas l'inclusion des membres qui s'additionnent à la famille dominante. Au contraire, elle favorise la persistance des clans familiaux d'origine et l'émergence de sentiments comme l'exclusion et le rejet chez les membres qui souhaitent faire partie du groupe. Notre exemple du départ illustre bien cette dynamique. Marie souhaite des changements en rapport avec l'encadrement des enfants, alors que Jacques désire maintenir le statu quo afin d'éviter tout nouveau chambardement pour ses enfants. Chacun bien campé dans son univers, les conjoints ont tendance à s'affronter plutôt qu'à montrer de l'empathie envers l'autre pour les difficultés qu'il vit. Cette attitude provoque une incompréhension réciproque qui engendre un sentiment d'exclusion chez Marie et de multiples déchirements chez Jacques. En fait, Marie pense que son conjoint ne lui accorde pas suffisamment le droit de participer à l'éducation de ses rejetons alors qu'en réalité, Jacques est tiraillé entre les besoins de Marie et ceux de ses enfants. Pour changer cette dynamique et permettre à tous les membres de développer leur sentiment d'appartenance, Marie doit apprendre à travailler de concert avec Jacques et vice versa afin qu'ensemble, ils puissent donner un ton juste à cette famille. Pour y arriver, il importe que Marie et Jacques développent de bonnes habiletés de communication. Cet outil, déjà identifié dans les chapitres précédents, facilite grandement les négociations. Par ailleurs, un autre facteur joue sur la satisfaction conjugale de Marie et Jacques, et c'est « le plaisir ».

Toutes les recompositions familiales se situent dans un contexte propice à l'éclatement des conflits, parce qu'au départ il y a toujours des membres qui luttent pour le changement alors que d'autres luttent pour la stabilité. Même si ces combats sont tout à fait naturels au début de la recomposition familiale et même essentiels pour que chacun puisse trouver sa place dans la famille, il reste que cette période de négociations intenses peut facilement déstabiliser le couple. En théorie, les bénéfices liés à la vie de couple doivent être plus élevés que les coûts afin que les conjoints restent satisfaits de leur relation.

Par conséquent, les conjoints formant une nouvelle famille doivent augmenter leurs bénéfices s'ils veulent contrer les effets négatifs liés à l'augmentation des coûts qui survient nécessairement avec une recomposition familiale. La possibilité d'un tête-à-tête qu'on n'attendait pas, le dîner d'amoureux ou la petite escapade qu'on planifie pendant des semaines sont autant de prétextes au plaisir. Dans ce domaine, l'imagination des conjoints est leur seule limite. C'est d'ailleurs ceux qui en auront le plus qui pourront le mieux lutter contre l'augmentation des coûts occasionnée par la recomposition. Dans notre exemple, Marie et Jacques devront cultiver le plaisir s'ils ne veulent pas que la sueur versée pour leur labeur donne un goût amer à leur récolte.

Établir des relations parentales harmonieuses...

Un deuxième défi attend les adultes qui décident de former une nouvelle famille. Ce défi consiste à établir des relations parentales harmonieuses. Ces relations comprennent un nouveau partage des responsabilités parentales pour le parent ainsi que l'établissement d'une relation de qualité entre le beau-parent et l'enfant.

...quand on est parent

Lors de la recomposition d'une famille, la relation entre le parent et l'enfant existe déjà. Les liens qui les unissent peuvent être solides, diffus, conflictuels ou fragiles, mais chose certaine, la venue de nouvelles personnes dans la famille a toutes les chances de changer la dynamique établie entre le parent et son enfant.

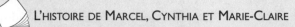 L'HISTOIRE DE MARCEL, CYNTHIA ET MARIE-CLAIRE

Quand Marcel se retrouve seul avec sa fille de 3 ans, Cynthia, après le départ de sa femme, il ne voit pas comment il pourra la garder avec lui. Aux prises avec de sérieux problèmes d'alcool, Marcel décide de confier Cynthia à ses parents pendant qu'il entreprend une thérapie.

Après deux ans, Marcel ne boit plus. Il a trouvé du travail et voit sa fille régulièrement, même si elle demeure toujours chez ses grands-parents. Entre temps, il fait la connaissance de Marie-Claire avec qui il cohabite rapidement. Lorsque cette dernière devient enceinte, il apparaît évident au couple que Cynthia doit venir vivre avec eux. Après avoir consulté les grands-parents et compris que, pour des raisons de santé, ces derniers souhaitaient également le retour de Cynthia chez son père, Marcel et Marie-Claire entreprennent de la ramener graduellement chez eux.

Bien que la dynamique entre un parent et son enfant ne change pas toujours à ce point lorsqu'il y a recomposition familiale, il reste que l'arrivée d'une nouvelle figure parentale marque la relation parent-enfant. Sur un continuum qui va de la rupture totale à la réunification, en passant par un nouveau partage des responsabilités parentales, toute une gamme de changements peut affecter la relation qui existe entre le parent et son enfant.

Rupture	Nouveau partage	Réunification
de la relation	des responsabilités parentales	

Dans bien des cas, la période de monoparentalité n'a pas à être longue pour que les enfants endossent des responsabilités ou prennent dans la famille une position qu'ils n'occupaient pas auparavant. Durant cette période, les parents se retrouvent seuls et ils sont souvent désemparés. Il est normal qu'ils cherchent à partager les tâches ou leurs préoccupations avec les autres membres de la famille. Ils demandent donc aux enfants de s'engager davantage dans les tâches ménagères, ils incitent les plus âgés à prendre en charge les plus jeunes et partagent souvent leurs soucis quotidiens ainsi que certains de leurs loisirs avec leur progéniture. En contrepartie, les parents sont généralement plus conciliants envers leurs enfants et sont plus enclins à leur accorder des permissions ou des faveurs comme celle de dormir avec eux. En général, cette période resserre les liens entre le parent gardien et les enfants.

Lorsque le parent recommence à vivre en couple, il est à nouveau dans une position qui lui permet de partager avec un autre adulte ses responsabilités parentales, ses préoccupations et ses loisirs. Peu importe le degré de partage qui s'installe entre les conjoints, il est certain que la relation avec son enfant va changer. Parmi les éléments qui ne pourront demeurer identiques, il y a l'intimité de la chambre à coucher, les confidences et les loisirs. L'enfant habitué à visionner seul avec son parent le dernier film du samedi soir risque désormais de partager cette activité avec un autre adulte. De plus, même si le nouveau conjoint ne partage pas beaucoup de responsabilités parentales, il est rare que ce dernier n'ait aucune influence dans ce domaine. Un simple commentaire sur les heures de sorties, sur les fréquentations d'un adolescent ou sur certains comportements du jeune peut changer le point de vue que le parent a toujours eu sur ces sujets.

Toutes sortes d'aménagements s'offrent au parent quant au partage de ses responsabilités parentales. Il peut vouloir que son conjoint s'engage beaucoup auprès de ses enfants ou considérer qu'il doit rester le principal décideur dans ce domaine. Les recherches indiquent, par contre, que l'exercice de la discipline devrait demeurer du ressort du parent, du moins au début [19]. Chose certaine, il faut que le parent tienne compte des pertes que l'enfant subit, car on peut être sûr qu'il réagira aux changements. L'arrivée du nouveau conjoint peut amener l'enfant à devoir frapper avant d'entrer dans la chambre de son parent, alors qu'il y entrait sans cette formalité auparavant. L'enfant peut également se sentir tout à coup relégué au second plan parce qu'il ne reçoit plus les confidences de son parent. En fait, on ne peut demander aux enfants de grandir subitement durant la période de monoparentalité et de redevenir petits lorsqu'un nouveau conjoint arrive. Lors d'une recomposition familiale, les changements que les enfants vivent leur donnent souvent l'impression qu'ils perdent leur place auprès de leur parent ou que ce dernier ne les aime plus autant qu'avant. Le parent doit les rassurer sur son amour tant et aussi longtemps qu'il n'est pas certain que ses enfants sont sûrs qu'ils ont conservé une place importante dans son cœur, c'est-à-dire une place d'enfant.

---

19. GANONG, L, M COLEMAN, M FINE ET P MARTIN. «Stepparents' affinity-seeking and affinity-maintaining strategies with stepchildren». *Journal of Family Issues*, 1999, 20: 299-327.

...quand on est une belle-mère

L'HISTOIRE DE SOPHIE

Sophie vit avec François et sa fille depuis plusieurs années. Elle garde un souvenir très vif des sentiments qu'elle éprouvait envers la fille de son conjoint au début de la recomposition. *C'était très difficile de parler avec mon conjoint des difficultés que j'éprouvais avec sa fille. Quand je le faisais, il se sentait jugé comme parent alors que je voulais seulement qu'il m'aide et m'appuie dans mon rôle de belle-mère.*

Certains des contes les plus populaires de notre enfance mettent en vedette une belle-mère méchante et cruelle. Pensons, entre autres, à Blanche-Neige, à Cendrillon ainsi qu'à Hansel et Grethel. Ces histoires d'horreur ont largement contribué à teinter de manière négative le rôle joué par la belle-mère dans une famille recomposée. Pourtant, il semble que les frères Grimm aient utilisé une belle-mère dans leurs histoires simplement parce qu'ils croyaient rendre plus acceptables des comportements qui, à l'origine du conte, étaient exécutés par des mères[20]. La méchanceté n'est donc pas un attribut naturel des belles-mères et ces représentations n'ont souvent rien à voir avec la réalité.

Les images négatives associées au rôle de belle-mère ne s'évanouissent malheureusement pas avec le temps, car elles continuent d'être entretenues par les médias et les milieux cinématographiques. Par exemple, lorsque Claxton-Oldfield et

20. CLAXTON-OLDFIELD, S. «Deconstructing the myth of the wicked step-parent». *Marriage and Family Review*, 2000, 30: 51-58.

Butler[21] examinent l'image projetée par les beaux-parents au cinéma, ils constatent qu'aucun résumé d'intrigue ne décrit ce rôle de manière positive. Au mieux, la description reste neutre. En fait, ce n'est que très récemment que nous avons commencé à voir des films qui montrent une image positive de la belle-mère; on en trouve un exemple dans *La blonde de mon père* avec Julia Roberts dans le rôle-titre. Il n'est donc pas surprenant que cette conception négative soit bien ancrée dans notre inconscient culturel. Ainsi, bien des individus croient que les difficultés vécues entre une belle-mère et des enfants sont normales puisqu'ils pensent que les femmes occupant cette position ont nécessairement des problèmes à aimer des enfants qui ne sont pas d'elles.

Bien que les choses changent et qu'il y ait maintenant des marques d'évolution sociale positive, comme des cartes d'anniversaire destinées aux belles-mères d'une famille recomposée, il reste que certaines belles-mères tentent encore de lutter contre les perceptions négatives en essayant d'être des super-mères. Elles cuisinent les plats favoris des enfants, ramassent leurs vêtements, les aident dans leurs devoirs et leçons, les conduisent chez leurs amis, vont à tous leurs spectacles scolaires, etc. Pour arriver à être de super-mères, elles doivent déployer beaucoup d'énergie... et accepter de recevoir peu de reconnaissance. Toutefois, il est très difficile de ne pas espérer avoir un peu de reconnaissance en retour de tous ces efforts. C'est pourquoi il arrive si souvent que ces belles-mères développent des attentes qui engendrent des sentiments contradictoires d'amour et de haine envers les enfants. De plus, si cette dynamique de la super-mère persiste, ces femmes en viennent à craindre que les autres perçoivent leurs sentiments

---

21. CLAXTON-OLDFIELD, S ET B BUTLER. « Portrayal of stepparents in movie plot summaries ». *Psychological-reports*, 1998, 82 : 879-882.

ambigus et finissent par les voir comme ce qu'elles cherchent si ardemment à éviter : la méchante belle-mère.

L'adoption de ce modèle de super-mère dans un contexte de recomposition familiale risque d'entraîner beaucoup de déceptions parce que la relation entre une belle-mère et un enfant n'est pas fondée sur un véritable choix. D'une part, les enfants ont généralement peu de propension aux remerciements, quel que soit le type de famille. D'autre part, il n'est pas évident pour une belle-mère de prendre soin, de comprendre et d'accepter un enfant qui est souvent déjà grand et sur lequel elle n'a pas vraiment d'influence. En outre, l'un des rôles les plus fortement associés à la femme dans une famille est celui du soutien affectif. En début de recomposition familiale et en l'absence de liens significatifs, les enfants ne reconnaissent habituellement pas ce rôle à la belle-mère. Par conséquent, elle entend souvent les enfants demander : « où est papa ? » lorsqu'ils veulent confier leurs peines ou leurs joies. Ces situations engendrent bien des sentiments d'incompétence, ainsi que de la confusion par rapport au rôle de belle-mère. Si ces sentiments se traduisent parfois par des reproches qu'elles adressent à leur conjoint, certaines préfèrent se taire plutôt que de risquer d'être rejetées par leur conjoint. Dans la recherche de Morrison et Thompson-Guppy[22], les belles-mères interrogées se sentent souvent rejetées de la relation qui lie le père à ses enfants. Elles croient que leur conjoint ne fixe pas suffisamment de limites à ses enfants et elles pensent qu'il ne les appuie pas assez dans leur rôle parental. Elles évitent toutefois d'exprimer ces sentiments à leur conjoint parce qu'elles ont peur de perdre son affection. Dans ces conditions,

---

22. MORISSON, K. ET S THOMPSON-GUPPY. « Cinderella's stepmother syndrome ». *Canadian Journal of Psychiatry,* 1985, 30 : 521-529.

il est facile de comprendre que la présence de l'enfant est plus difficile à supporter pour elles que ce qui avait été prévu au départ.

Alors, quoi faire pour éviter de tomber dans le piège de la super-mère ? À moins que les enfants soient très jeunes, ils ne sont généralement pas prêts à donner dès le départ un rôle parental actif à la nouvelle conjointe de leur père. Aussi, le rôle de la belle-mère peut se limiter au début à un rôle s'approchant davantage d'une amie que d'un parent. À cette étape, l'important est d'établir une relation de confiance entre elle et l'enfant. Pour y arriver, la femme peut chercher à découvrir les activités qui pourraient leur plaire à tous les deux. Il ne s'agit pas pour la belle-mère de s'engager dans des loisirs qui ne lui plaisent pas. Elle risquerait alors d'éprouver exactement les mêmes sentiments contradictoires que ceux de la super-mère. De plus, elle ne doit pas tenter d'entrer en concurrence avec la mère des enfants, car elle ne sera jamais aussi talentueuse que cette dernière aux yeux des enfants. En essayant de trouver des secteurs d'activités agréables qui leur sont propres, la belle-mère et l'enfant s'offrent un espace privilégié pour créer un lien. Il faut cependant savoir que les activités dont il est question ici n'ont pas à être très compliquées. Il peut s'agir uniquement de prendre le temps d'écouter l'enfant lorsqu'il revient de l'école. La simplicité est souvent le comportement le plus approprié dans ces situations. De plus, rappelons que le développement des relations prend du temps et que même si la belle-mère est attentive à l'enfant et qu'elle s'investit dans ces activités, il faut souvent qu'elle attende plusieurs années avant qu'une véritable relation de confiance se développe entre eux. Avec le temps cependant, ce rôle d'amie aura tendance à se transformer pour devenir plus parental. La belle-mère pourra alors exercer une certaine discipline, surtout si ce rôle est appuyé par le parent.

Sans prendre une position totalement identique au rôle de la mère dans la famille, elle deviendra souvent un modèle et une confidente privilégiée pour les enfants. Dans cette situation, les liens entre la belle-mère et l'enfant se comparent avantageusement à ceux qui peuvent exister entre un enfant et sa tante préférée. C'est donc un rôle qui peut apporter beaucoup de satisfaction avec le temps.

...quand on est un beau-père

Même si les hommes sont moins marqués par les images négatives associées aux beaux-parents que les belles-mères, il reste qu'ils ont aussi leurs histoires d'horreur. En général, ces histoires font référence à des abus sexuels ou physiques sur des enfants. Pensons par exemple à l'histoire de *David Copperfield* dans laquelle David est battu par son beau-père et à *Hamlet* de Shakespeare où le père d'Hamlet est tué par son beau-père.

Le beau-père abuseur sexuel : mythe ou réalité ?

Il est vrai que la question des abus sexuels est souvent présentée comme un des risques associés à la vie au sein d'une famille recomposée. On évoque, entre autres, l'insuffisance ou l'absence de lien d'attachement entre l'enfant et son beau-père pour expliquer cette situation.

Quelques études ont tenté de documenter cette question, mais il est très difficile de se faire une idée juste de cette réalité très cachée. Nous avons tenté d'approfondir la question dans une étude réalisé auprès de 741 jeunes Québécois recevant des services dans les centres jeunesse au Québec[23]. Nous avons ainsi observé que les jeunes provenant de familles recomposées

---

23. SAINT-JACQUES, M-C, R CLOUTIER, R PAUZÉ ET M SIMARD. *La spécificité de la problématique des jeunes suivis en centre jeunesse provenant de familles recomposées*. Université Laval : Centre de recherche sur les services communautaires. 2001.

sont, toutes proportions gardées, deux fois plus nombreux que les jeunes de familles intactes à avoir subi un abus sexuel (16,1 % contre 8,1 %). Cette proportion est de 14,0 % pour les jeunes de familles monoparentales. Toutefois, cela ne signifie pas nécessairement que l'abuseur soit le beau-père. En effet, dans ces familles, les pères biologiques ou adoptifs de l'enfant sont identifiés comme l'abuseur dans 22,4 % des situations contre 19% des situations où les beaux-pères seraient responsables. Jusqu'à un certain point, ce résultat contribue à démontrer la responsabilité partagée par les pères, les beaux-pères, mais aussi d'autres personnes dans les situations d'abus sexuel sur des jeunes vivant ou ayant vécu en famille recomposée. Il faut aussi retenir que plus un jeune est dans une relation de proximité avec un adulte, plus il risque de tarder à dévoiler un abus sexuel. Ainsi, un abus sexuel commis par un père non gardien risque d'être dévoilé plus rapidement que celui commis par un beau-père gardien. L'abus sexuel commis par un père gardien sera celui pour lequel on gardera probablement le secret le plus longtemps.

Quoiqu'il en soit, le risque d'abus sexuel est présent dans les familles recomposées et il faut retenir :

- que le beau-père est une figure parentale ;
- que le beau-père, en tant qu'adulte, est en position de pouvoir face à des jeunes qui sont les enfants de sa conjointe et ne saurait prétendre avoir obtenu un réel consentement éclairé, même lorsque le jeune atteint l'âge de la majorité ;
- qu'une relation sexuelle entre une figure parentale et un jeune est un abus sexuel ;
- qu'un abus sexuel est une expérience traumatisante ;

- qu'une expérience traumatisante perturbe souvent quelqu'un pour la vie.

Bien que l'on ne puisse ignorer ce risque, il est important
de retenir que la grande majorité des beaux-pères ne veulent
pas nuire physiquement ou moralement à leurs beaux-enfants.
Les hommes, comme les femmes, doivent donc lutter contre
des images négatives associées à leur rôle de beau-parent.

Les rôles parentaux traditionnels

Par ailleurs, hommes et femmes demeurent très influencés
par les rôles parentaux traditionnels. Même si, aujourd'hui, les
hommes s'engagent davantage dans le soin des enfants, il reste
que le père distant, occupé surtout à subvenir aux besoins
matériels de sa famille, reste une référence inconsciente. De
plus, sur le plan social, la société a généralement moins d'attentes envers les pères qu'envers les mères. Cela a pour résultat
que les hommes éprouvent souvent moins de pression que les
femmes dans l'exercice de leur rôle parental. Par conséquent,
ces hommes jugent parfois naturel, dans un contexte de recomposition familiale, de voir l'enfant de leur conjointe courir
vers leur mère pour se faire consoler, alors dans une situation
semblable, les femmes ont plutôt tendance à se sentir rejetées.
Ces éléments font que bien des beaux-pères se satisfont de
leur rôle s'ils apportent une contribution financière, font des
activités avec leurs beaux-enfants durant la fin de semaine et
donnent du soutien à leur femme dans leur rôle de mère.

Dans un autre ordre d'idées, les individus qui ont peu
d'expérience avec les enfants croient souvent qu'il suffit d'une
bonne discussion ou d'un peu de fermeté pour se faire obéir.
Lorsque Marc-André a commencé à vivre avec Johanne, il avait
exactement ce genre d'idée.

L'HISTOIRE DE MARC-ANDRÉ

Marc-André se rappelle comment sa conjointe et lui ont décidé de se mettre en ménage et de réunir leurs familles respectives.

Il y a dix ans, j'avais décidé de m'inscrire à un club de marche pour essayer de me mettre en forme. Je participais régulièrement aux activités quand, un beau jour, la responsable nous présente une nouvelle recrue, Johanne. Je me souviens que nous nous sommes aimés tout de suite et que nous avons vite songé à vivre ensemble. À cette époque, je n'ai pas réalisé à quel point cette décision allait changer ma vie. J'étais enfant unique et je n'avais pas d'expérience parentale. Alors, quand Johanne m'a parlé de ses jumeaux de 17 ans, je lui ai répondu qu'il n'y avait pas de problème. Aujourd'hui, j'ai conscience que je me suis embarqué les yeux fermés dans cette aventure.

À l'époque, Marc-André ne voyait pas pourquoi il devait s'inquiéter de la présence des jumeaux. Aujourd'hui, il avoue en riant : « ...dans ce domaine, les jeunes de Johanne m'ont appris à pratiquer l'humilité... »

Même si on peut observer un manque d'expérience parentale chez des célibataires de tout âge, peu importe le sexe, cette lacune apparaît souvent particulièrement marquée chez les hommes plus âgés ou issus de milieux traditionnels. Ces derniers ont été généralement moins encouragés que les filles à prendre soin des enfants et à établir des relations avec eux. Aussi, ceux qui n'ont pas eu l'occasion de vivre d'expériences parentales avant de fonder une famille recomposée manquent souvent d'habiletés pour partager l'éducation des enfants avec leur conjointe. Certains ont des attentes disproportionnées par rapport aux enfants ou encore ils cherchent trop vite à s'imposer comme figures d'autorité dans la famille. Ils sont parfois victimes de ce mythe de l'amour instantané qui doit être dénoncé pour que tout le monde comprenne qu'un lien a besoin de temps pour se développer, y compris entre beau-parent et enfant.

De leur côté, les hommes qui ont des enfants et qui sont près d'eux éprouvent habituellement moins de difficultés à définir leur rôle de beau-père. Lorsqu'ils participent activement à l'éducation de leurs rejetons, ils ont moins tendance à prendre un rôle de père auprès des enfants de leur conjointe. Dans cette situation, il existe généralement peu de concurrence entre le père et le beau-père, ce qui amène ces hommes à collaborer davantage[24]. De plus, les beaux-pères qui ont déjà des enfants se préoccupent souvent d'avoir un comportement favorisant l'équité entre tous les jeunes de la famille. En outre, ils peuvent encourager les relations entre leur progéniture et leurs beaux-enfants en accordant un soutien émotif et affectif à tous les enfants de la famille. D'après des résultats de recherche, ces comportements engendrent davantage de camaraderie entre le beau-père et les enfants, et moins de sentiments négatifs. Ils ont ensemble des échanges significatifs, ce qui fait en sorte que le beau-père est souvent plus près des amis des enfants. Notons cependant que ces résultats sont particulièrement vrais lorsque le plus vieux des beaux-enfants est assez jeune[25].

---

24. CROSBIE-BURNETT, M. « The centrality of the step relationship: a challenge to family theory and practice ». *Family Relations*, 1984, 33: 459-463.

25. PALISI, BJ, M ORLEANS, D CADDELL ET B KORN. « Adjustement to stepfatherhood: The effects of marital history and relations with children ». *Journal of Divorce and Remarriage*, 1991, 14: 89-106.

En contrepartie, un beau-père qui ne peut pas voir ses enfants aussi souvent qu'il le voudrait éprouve parfois des sentiments de culpabilité parce qu'il vit avec des enfants qui ne sont pas les siens. Lors de la visite de ses petits, il veut parfois intensifier sa présence en écartant sa conjointe et les autres membres de la famille. Avec le temps, cette situation devient particulièrement difficile à vivre pour la conjointe et ses enfants. Jacinthe parle de ce qu'elle éprouve dans une situation semblable : ... *quand la fille de mon conjoint nous visite durant la fin de semaine, j'ai l'impression qu'elle prend toute la place et que mon fils et moi n'en avons aucune... Je trouve très difficile de me sentir de trop dans ma propre maison.*

Dans un autre ordre d'idées, rappelons que deux adultes engagés dans l'éducation des enfants ne partagent pas nécessairement les mêmes valeurs. À ce propos, plus les principes éducatifs de la mère et du beau-père comportent de différences, plus il y a de risques qu'ils engendrent des conflits. Ainsi le beau-père peut recevoir toutes sortes de messages ambigus sur sa façon d'agir auprès des enfants. Certains chercheurs [26] observent qu'une mère trouve parfois inadéquates les interventions du beau-père parce qu'elle pense qu'un beau-père ne doit pas se mêler de tous les aspects reliés à l'éducation des enfants. À l'autre extrême, elle peut être déçue qu'il ne s'engage pas assez et croire qu'il agit de la sorte parce que ses enfants ne sont pas issus du même sang que lui. Josée décrit un autre type de messages contradictoires ainsi que les conséquences qu'ils peuvent avoir sur la famille.

---

26. SKOPIN, AR, B NEWMAN, M ET P McKENRY. « Influences on the quality of stepfather-adolescent relationships : Views of both family members ». *Journal of Divorce and Remarriage*, 1993, 19 : 181-196.

L'HISTOIRE DE JOSÉE

Au début de la recomposition familiale, Josée s'est beaucoup questionnée sur le rôle que son conjoint devait adopter auprès de son enfant.

J'avoue que je n'ai jamais aimé exercer la discipline et qu'à l'arrivée de mon conjoint j'ai eu tendance à lui laisser ce rôle auprès de mon adolescent. Par contre, lorsqu'il essayait de se faire obéir par mon fils, je ne pouvais m'empêcher de critiquer sa manière de le faire. Mon conjoint sentait que je ne l'appuyais pas, et mon fils en profitait pour braver son autorité.

Dans des situations semblables, le beau-père a toutes les chances de s'interroger sur ce qu'on attend de lui comme beauparent, tout en craignant la réaction de sa conjointe ou le rejet des enfants s'il intervient auprès de ces derniers.

Lors d'une recomposition, une relation satisfaisante entre un beau-père et un enfant compte beaucoup dans le fonctionnement de la famille. Les études démontrent que les beauxpères satisfaits de leur relation conjugale sont généralement satisfaits de leur relation avec les enfants[27]. Toutefois, soulignons que la relation entre un beau-père et des enfants ne dépend pas seulement de la bonne volonté du beau-père. Aucun beau-père et aucune belle-mère ne peut espérer établir cette relation sans une certaine ouverture de la part de l'enfant ou de ses parents. Jean-Pierre, qui vit en famille recomposée depuis deux ans, rappelle ceci : «...tant que l'enfant de ma conjointe continuera à espérer que ses parents vivent ensemble à nouveau, je ne pourrai me rapprocher de lui.»

---

27. CROSBIE-BURNET, M. 1984. op. cit.
SKOPIN, AR ET AL. 1993. op. cit.

En terminant, notons que 57,2 % des situations que les conjoints et les conjointes de familles recomposées québécoises voudraient améliorer ont un lien avec l'exercice de leurs rôles parentaux[28]. C'est dire jusqu'à quel point les rôles de parent et de beau-parent ont de l'importance. Voici quelques éléments qui vous aideront peut-être à bien jouer ces rôles.

Les éléments qui facilitent le rôle du parent

Plusieurs éléments peuvent faciliter le rôle du parent lors de la recomposition. En voilà trois qui semblent particulièrement importants.

Accepter certaines maladresses de la part du conjoint

Avant que le conjoint connaisse suffisamment les enfants ainsi que la dynamique de la famille, il peut lui arriver de poser des jugements ou d'avoir des comportements qui surprennent le parent ou les enfants. Dans ce cas, le parent doit appuyer son conjoint pour ne pas détruire la crédibilité que celui-ci tente de bâtir auprès des enfants. De plus, les enfants doivent comprendre que le parent et le beau-parent forment une équipe qu'ils ne peuvent manipuler à leur guise. Toutefois, le parent ne devrait pas laisser passer l'événement sans discuter avec son conjoint des points qui accrochent. À l'abri du regard des enfants, il est essentiel que les conjoints en arrivent à un compromis qui tienne compte des besoins de toutes les personnes en cause et qui permette d'éviter que cette situation se reproduise.

---

28. Beaudry, M, J-M Boisvert, M Simard, C Parent et P Tremblay. *Les défis des couples en famille recomposée*, Université Laval : Centre de recherche sur les services communautaires. (recherche en cours)

Rassurer les enfants sur la place qu'ils occupent dans la vie du parent

La recomposition familiale est une transition majeure pour une famille, particulièrement pour les enfants qui ont souvent beaucoup à perdre au début. Les recherches dans le domaine indiquent qu'un des aspects les plus difficiles pour eux consiste à ne pas savoir s'ils continueront à avoir une place dans cette nouvelle famille. Il est donc très important que le parent les rassure à la fois sur la place qu'ils occupent dans sa vie et sur l'amour que lui-même continue à leur porter. Peu importe l'âge des enfants, il semble que ce besoin soit présent chez la plupart d'entre eux. De plus, il ne suffit pas pour le parent de le dire une fois seulement. Il faut leur dire et leur montrer souvent pour que les enfants soient vraiment convaincus de la sincérité du parent.

Exiger que les enfants respectent le beau-parent et vice versa

Si l'amour n'est pas instantané lors de la recomposition familiale, le respect est essentiel pour que s'installe dès le départ une certaine harmonie. Sans le respect, l'atmosphère familiale risque d'être très difficile à supporter.

Les éléments qui facilitent le rôle du beau-parent

Il existe aussi certains éléments qui peuvent faciliter le rôle des beaux-parents. En voici quelques-uns.

Prendre son temps avant d'exercer la discipline

Avant d'exercer la discipline, le beau-parent doit prendre le temps d'établir une relation de confiance avec les enfants. Ce type de relation est généralement plus facile à établir à partir de moments heureux (jouer, préparer une fête pour l'enfant, magasiner, participer à une activité de loisir, etc.) qu'à partir de demandes visant l'obéissance ou l'exécution de corvées. Idéalement ces demandes devraient demeurer du ressort du parent, du moins au début. Au fur et à mesure qu'une relation de confiance s'établit entre l'enfant et le beau-parent, ce dernier peut faire certaines réclamations que les enfants acceptent d'exécuter habituellement de bonne grâce, surtout si le parent appuie les revendications du beau-parent.

Établir avec le parent les limites et les attentes qui se rapportent aux rôles que chacun veut jouer auprès des enfants

Il semble que lorsque les attentes de chacun sont claires, les conflits et les malentendus risquent moins de se produire entre membres de la famille. Qu'est-ce que le parent est prêt à partager comme responsabilités parentales ? Quels besoins en affection, en encadrement ou en guidance les enfants pourraient-ils réclamer ? Jusqu'à quel point le beau-parent veut-il s'engager auprès des enfants ? Toutes ces questions devraient idéalement être abordées dès la recomposition familiale. Avoir une première base d'entente permet de commencer du bon pied.

Par ailleurs, cette entente ne doit pas avoir de forme définitive. Il serait même surprenant qu'il n'y ait pas de modifications quand de nouveaux liens se seront créés. Généralement, lorsqu'il s'établit des liens significatifs entre l'enfant et le beau-parent, l'enfant accepte davantage d'interventions de la part de son beau-parent, le parent accepte davantage de partager ses responsabilités avec son conjoint et le beau-parent accepte d'en prendre plus. Il y a donc une certaine évolution du partage parental qui s'effectue en fonction des besoins de chacun, mais aussi en fonction des liens qui s'établissent.

En résumé, les couples qui recomposent une famille doivent vivre de grands défis conjugaux et parentaux. Certains éléments facilitent la création d'une relation conjugale solide, le plaisir par exemple, et d'autres contribuent à établir des relations parentales harmonieuses (accepter les maladresses du partenaire, rassurer les enfants, exiger le respect, établir ses limites, discuter de ses attentes et établir une relation de confiance avec les enfants avant d'exercer la discipline).

En terminant, rappelons que les familles recomposées ne doivent pas être associées seulement à des difficultés. Une fois que la période critique des cinq premières années est passée, les couples de familles recomposées ne sont pas plus susceptibles de divorcer que ceux qui se marient pour la première fois[29]. À ce sujet, une recherche indique que les familles recomposées qui appartiennent à la population générale ou qui ne reçoivent pas des services de psychothérapie fonctionnent mieux que la plupart des familles en général[30]. De plus, les enfants ont l'avantage de côtoyer un plus grand nombre de personnes, ce qui leur permet des expériences d'apprentissage variées et souvent utiles dans leur vie future. On peut donc prétendre que la famille recomposée est une famille différente, mais qu'elle permet, avec peut-être un peu plus d'efforts, d'être aussi heureux que dans une famille biparentale intacte.

---

29. WALSH, F, L JACOB ET V SIMONS. « Facilitating healthy divorce processes therapy and mediation approaches ». *Clinical Handbook of Couple Therapy*, 1995. p. 340-369.

30. KELLY, P. « Healthy stepfamily functioning ». *Families in Society : The Journal of Contemporary Human Services, Family International*, 1992. p. 579-587.

CHAPITRE 5

LES TIENS, LES MIENS, LE NÔTRE ET LES AUTRES

▼

Les relations de fratrie

Il existe différentes formes de familles recomposées. Dans la majorité des cas, on rencontre des familles où seule la femme a des enfants nés d'une union précédente (famille recomposée matricentrique). Plus rarement, ce sera l'homme qui vivra avec ses enfants issus d'une première union et une nouvelle conjointe (famille recomposée patricentrique). Il existe toutefois des familles recomposées qui comprennent des enfants issus des unions antérieures à la fois de l'homme et de la femme. On qualifie ces familles recomposées de « mixtes ». Elles ont la particularité d'amener des enfants et des adolescents qui ne partagent pas de liens de sang à vivre au sein d'une même famille.

Ainsi, on pourra retrouver au sein d'une même famille :

- **une fratrie** : frères et sœurs ayant les mêmes parents de sang ;
- **une quasi-fratrie** : garçons et filles n'ayant en commun aucun parent, mais qui sont apparentés par l'union de leurs parents respectifs ;
- **une demi-fratrie** : garçons et filles ayant en commun un parent.

Au-delà des termes techniques, il existe ces appellations du cœur[31] qui incitent les enfants à qualifier de « frère » ou de « sœur » les autres enfants de la famille, qu'ils partagent avec eux un parent ou non. On remarque aussi que si les parents et les experts insistent pour que les enfants fassent usage des termes exacts lorsqu'il s'agit de désigner les parents et beaux-parents, ces mêmes parents encourageraient l'utilisation unique des termes « frère » et « sœur », symboles de l'accomplissement d'une famille recomposée. Par ailleurs, le fait de dire que les enfants sont tous frères et sœurs, même si ces derniers n'ont pas toujours des liens de sang entre eux, permet de reconstituer une unité familiale qui s'approche de l'image de la famille traditionnelle. Ainsi, les adultes peuvent satisfaire leur désir d'unité familiale et les enfants, leur désir de vivre dans une famille « normale »[32]. Mentionnons aussi qu'il ne semble ni plus facile ni plus difficile de former une famille recomposée selon que les conjoints ont ou non des enfants d'une union précédente. Les difficultés et les forces particulières de ces familles sont simplement différentes.

Les relations qu'entretiennent entre eux les membres de ces différents types de fratrie sont influencées par divers facteurs, notamment par le temps écoulé depuis le début de la recomposition et le mode de garde des enfants. Il n'est pas rare, au début de la cohabitation, d'observer une résistance à entrer en relation avec les enfants de l'autre et de voir s'installer des

---

31. Nous nous inspirons ici d'une très belle réplique d'un beau-père à l'enfant de sa conjointe qui, rentrant un jour à la maison tout malheureux de s'être fait dire que le nouveau bébé de la maison n'était pas son frère, s'est vu répondre : « Tu sais, le bébé Laurence, il est ce que tu veux qu'il soit dans ton cœur. »

32. THÉRY, I. « Le problème du "démariage" ». Dans G. Neyrand (dir.). *La famille malgré tout*. Paris : Le Seuil, 1996. p. 19-23.

rapports de rivalité[33]. Cette rivalité est d'autant plus grande que les enfants ne vivent pas avec le couple recomposé selon les mêmes modalités (revoir à ce sujet la logique d'exclusion, en page 35).

Il se peut que les enfants perçoivent différemment la demi-fratrie selon que la recomposition familiale se fait autour de la mère ou autour du père. Les enfants se disent parfois plus proches quand ils sont nés de la même mère. Ces derniers passent généralement plus de temps ensemble, leur garde étant plus souvent assumée par la mère que par le père. Dans la plupart des cas cependant, les enfants dont les deux parents ont eu des enfants après une recomposition familiale rapportent qu'il y a peu de différence selon le sexe du parent, mais insistent sur l'importance des types de garde et de la relation avec le beau-parent.

Comme le souligne une anthropologue française[34], les liens au sein de la quasi-fratrie se créent d'abord par les mots (*Je l'aime beaucoup, tu sais, j'ai toujours rêvé d'avoir une petite sœur, pour moi c'est comme si c'était ma vraie petite sœur. (...) Ma demi-sœur* (qui est en réalité l'enfant que sa belle-mère a eu dans une union précédente). *J'ai trois demi-frères, une demi-sœur. (...) Moi depuis que je les ai vus, je les ai vus une fois, c'est comme mes frères.*), puis par le fait de passer du temps ensemble.

Dans les demi-fratries, il se crée parfois des liens d'intimité qui dépassent ceux des fratries biologiques[35]. Le traitement

---

33. MARINO, G ET F FORTIER. 1991. op. cit.

34. MARTIAL, A. « Partages et fraternité dans les familles recomposées ». Dans Fine (Éd.), *Adoptions. Ethnologie des parentés choisies.* Paris : Éditions de la Maison des sciences de l'homme, 1998. p. 205-244.

35. BERNSTEIN, AC. *Yours, mine and ours. How families change when remarried parents have child together.* New York : Charles Scribner's Sons. 1989.

égalitaire des enfants dans la famille recomposée détermine pour beaucoup la nature de leurs relations[36]. Lorsque la recomposition familiale comprend des enfants provenant de deux unions et que ces enfants sont assez rapprochés en âge, il est impératif que le couple s'entende sur les attentes, les règles, les horaires et le mode de vie à adopter. Il est impossible de créer une bonne entente si, au sein d'une même famille, des enfants se voient imposer une heure de coucher différente des autres enfants du même âge et si l'on exige de certains mais pas des autres qu'ils se lavent les mains avant de passer à table. Cela fait partie des petits ajustements qui peuvent devenir de grandes sources de difficultés si on n'a pas pris le temps d'en discuter.

Malgré un traitement égalitaire des enfants, la jalousie dans la fratrie peut être présente et peut parfois faire naître des sentiments d'hostilité qui empêchent tout lien positif de se créer[37]. Tout geste posé par le parent à l'égard de la demi-sœur ou du demi-frère peut s'avérer une menace pour l'enfant; celui-ci peut avoir l'impression de perdre l'amour de son parent[38]. Cette situation n'est cependant pas l'apanage des familles recomposées. Elle rappelle peut-être à certains parents les difficultés éprouvées par leur aîné lors de la naissance d'un petit frère ou d'une petite sœur… Le seul fait de ne plus être enfant unique ou de changer de position dans la fratrie (ne plus être l'aîné, par exemple) crée souvent des sentiments d'anxiété, d'hostilité et de jalousie. Il s'agit de prendre conscience du fait que cette situation constitue une source de stress propre à la vie des enfants de familles recomposées.

---

36. MARTIAL, A. 1998. op.cit.

37. NEWMAN, M. *Les réalités des familles reconstituées*, Outremont: Éditions du Trécarré. 2000.

38. NEWMAN, M. 2000. op.cit.

Il faut porter une attention particulière aux relations qui se tissent dans les fratries dont les membres n'habitent pas ensemble au quotidien. Les enfants d'une union précédente qui ne vivent pas dans la famille recomposée, mais qui viennent en visite chez leur parent, considèrent souvent ce foyer comme le leur. En revanche, les enfants qui vivent dans cette famille voient parfois ces visites comme une menace à leur territoire[39]. Cette méfiance crée souvent des tensions qui font que les jeunes en visite ne se sentent pas bien. D'ailleurs, il n'est pas rare que ces jeunes se sentent exclus de la famille recomposée (comme nous l'avons expliqué au premier chapitre). Aussi, en étant conscient de cette possibilité, il devient plus facile de porter une attention particulière à la manière dont la famille s'organise (aux points de vue affectif et matériel) de façon à ce que tous les enfants qui en font partie y trouvent leur place, qu'ils y vivent à temps plein ou à temps partiel.

Que faire si la «*mienne*» tombe amoureuse du «*sien*» ?

Les liens de fratrie sont-ils nécessairement de nature fraternelle? On notera que, selon l'âge des enfants mis en présence, la relation peut se situer n'importe où sur le continuum allant de la fraternité à l'amitié. Si la famille recomposée implique une quasi-fratrie composée d'adolescents de sexes opposés, la possibilité que se développe une attirance sexuelle entre eux, voire une idylle, ne peut être complètement écartée. Que faire dans une pareille situation?

Avouons qu'à une époque où de plus en plus de parents québécois acceptent que leurs jeunes aient une vie sexuelle sous leur toit, la réponse devient moins évidente. En fait,

---

39. Newman, M. 2000. op.cit.

chaque famille doit prendre le temps d'examiner le type de frontières qu'elle veut établir entre ses membres et, surtout, ne pas hésiter à discuter ouvertement du problème lorsqu'il se présente. Bien sûr, il revient à chaque famille de décider de ce qui convient à sa réalité, mais pour notre part, nous croyons qu'il y a plus de désavantages que d'avantages à permettre ce type de relation sous son toit.

Trois éléments nous amènent à prendre cette position. Le premier est que les relations de quasi-fratrie, bien qu'elles ne soient pas toutes identiques, comportent généralement une dimension de fraternité. Or, dans notre culture, les relations sexuelles entre membres d'une même famille sont interdites et hors norme. La confusion qui peut exister dans la nature du lien unissant les deux adolescents pourrait fort bien perturber la suite de leur développement psychologique.

Le second élément renvoie au fait que les parents, tout comme d'autres agents de socialisation de notre société, ont à transmettre des codes sociaux et moraux dont certains concernent la vie sexuelle. Avec qui peut-on avoir des relations sexuelles ? Peut-on avoir plusieurs partenaires sexuels en même temps ? Est-il souhaitable que notre adolescent consente à des relations sexuelles avec une figure d'autorité, une personne beaucoup plus âgée, etc. Consentir à ce que des adolescents liés sur le plan familial (même si ces liens ne sont pas construits sur les liens de sang) aient des relations sexuelles ensemble, c'est lever une première frontière qui régit les conduites sexuelles pour lesquelles il existe un consensus social très clair.

Enfin, le dernier élément qui décourage l'acceptation de relations sexuelles au sein de la quasi-fratrie est que ces jeunes cohabitent, par la force des choses. Ces relations étant souvent passagères, imaginez un peu les difficultés que ce couple séparé, ainsi que le reste de la famille, aurait à affronter en cas (fort probable) de séparation.

Pour prévenir ce genre de situation, chacun des parents peut adopter une attitude qui consiste à prendre le temps de discuter de cette éventualité avec son enfant et de sa position sur la question. Vous serez peut-être mal reçus et peut-être immédiatement rassurés, mais le message aura passé. Comme vous aurez ouvert le dialogue à ce sujet, votre enfant aura probablement moins d'hésitation à se confier si jamais la situation se présente.

L'arrivée d'un bébé dans la famille recomposée

La décision d'avoir un enfant est davantage influencée par la qualité des liens d'attachement entre les membres de la famille que par le fait que la famille soit recomposée ou non[40]. Toutefois, ce choix impose aux conjoints une série d'ajustements. La décision d'avoir ou de ne pas avoir un enfant dans leur nouvelle union dépend souvent de la présence des autres enfants, qui freine ou retarde cette décision[41].

L'arrivée d'un bébé dans la famille recomposée risque d'influencer la relation entre les enfants issus d'unions précédentes et les beaux-parents[42]. Les conséquences sont différentes selon le sexe du beau-parent. Les hommes vivant avec leur nouvel enfant et l'enfant de leur conjointe démontrent un niveau élevé de satisfaction conjugale et des sentiments positifs à l'égard de l'enfant de leur conjointe. Les femmes dans la même situation, bien qu'heureuses conjugalement, semblent

40. BERNSTEIN, AC. 1989. op.cit.

41. NEWMAN, M. 2000. op. cit.

42. AMBERT, AM. «Being a stepparent: Live-in and visiting stepchildren». *Journal of marriage and the family*, 1986, 48: 795-804.

plus distantes à l'égard de l'enfant de leur conjoint que les femmes qui vivent avec l'enfant de leur conjoint, mais qui n'ont pas d'enfant avec celui-ci. Ambert[43] émet l'hypothèse que, lorsqu'une femme vit avec l'enfant de son conjoint et le sien issu d'une union précédente, ces deux enfants ont la même signification pour elle : le passé. Quant au nouvel enfant, il représente le présent. Il est plus facile pour la femme de distinguer ses rôles de mère et de belle-mère si les deux enfants proviennent d'unions précédentes.

L'arrivée d'un bébé a aussi une conséquence différente pour la relation entre belle-mère et enfant du conjoint, lorsque ce dernier n'habite pas dans la famille[44]. La naissance du bébé influencerait positivement l'attitude de la belle-mère face aux visites de l'enfant, peut-être parce qu'elle se sent davantage l'alliée de son conjoint et par conséquent moins menacée par les visites de l'enfant.

Il n'y a pas que la relation entre l'enfant et le beau-parent qui soit transformée par l'arrivée d'un nouveau bébé, il y a aussi l'ensemble de la cellule familiale. Cette naissance peut avoir un pouvoir unificateur en tant que centre affectif commun pour tous les membres de la famille, devenir un point de référence. Elle confirme aux enfants la réalité de la famille recomposée et la volonté des conjoints de demeurer ensemble. Pour Cadolle[45] :

> [...] la naissance du demi-frère contribue à cimenter la famille et à améliorer la relation avec le beau-parent en lui donnant la place de parent du frère ou de la sœur. [...]

---

43. AMBERT, AM. 1986. op.cit.
44. AMBERT, AM. 1986. op.cit.
45. CADOLLE, S. *Être parent, être beau-parent.* Paris : Odile Jacob, 2000. p. 238-239.

> *Faire rencontrer ses demi-frères des deux côtés permet à l'enfant de créer des liens entre les deux moitiés de son réseau familial et de restaurer en partie l'unité perdue lors de la séparation de ses parents. Ces liens généalogiques sont perçus comme rassurants, car inconditionnels et permanents par rapport à la fragilité des liens d'alliance qui ne sont qu'optionnels et ressentis comme temporaires.*

Mais attention! Pour que le ciment prenne, tous les ingrédients doivent y être! La naissance d'un enfant issu du couple recomposé ne consolide que des liens familiaux en bonne voie d'être consolidés.

L'arrivée d'un nouveau bébé peut aussi être perçue comme une menace par les autres enfants. Selon certains chercheurs, seul le plus jeune enfant réagit négativement au fait de devoir «partager» son parent avec un nouvel enfant. Il perd sa place de «bébé de la famille». Pour les plus vieux, cette naissance s'ajoute à une série d'ajustements. Selon d'autres chercheurs, ce sont les enfants qui détenaient un statut privilégié dans l'entité familiale d'origine qui sont davantage en conflit.

Un seul ou plusieurs enfants ?

Les couples qui vivent avec un enfant d'une union précédente auraient plus tendance à se limiter à un seul enfant que les couples qui reçoivent la visite d'enfants seulement les fins de semaine ou moins souvent[46].

On remarque par ailleurs que les relations sont meilleures dans une fratrie lorsqu'il existe un équilibre entre le nombre d'enfants de l'union actuelle (famille recomposée) et le nombre

---

46. Bernstein, AC. 1989. op. cit.

d'enfants issus d'unions précédentes[47]. L'enfant risque de se sentir différent s'il est le seul rejeton de l'union actuelle vivant avec plusieurs demi-frères ou demi-sœurs d'une ancienne union. C'est le premier enfant issu de la recomposition qui est le plus susceptible de se sentir abandonné par les autres enfants de la famille.

Ce qui aide au développement de relations de fratrie harmonieuses au sein d'une famille recomposée

Les éléments qui aident au développement de ces relations sont les suivants :

- le temps ;
- le fait d'avoir des activités en commun ;
- le partage de certains lieux ;
- le traitement égalitaire de tous les membres de la fratrie ;
- la reconnaissance du potentiel stresseur d'un changement de rang dans la fratrie.

Les relations avec la famille élargie

Dans un contexte de recomposition familiale, une première question se pose : « Qui est lié à qui ? » L'âge de l'enfant joue sur la perception de la composition de la famille élargie. On doit aussi reconnaître que l'on ne possède encore que peu de renseignements au sujet des relations qu'entretiennent les enfants de familles recomposées avec les parents de leur

---

47. Bernstein, AC. 1989. op. cit.
BERNSTEIN, AC. « Stepfamilies from siblings' perspectives ». Dans Levin et Sussman (Éds), *Stepfamilies : History, research, and policy*. New York : The Haworth Press Inc. 1997.

parent non gardien, pas plus qu'au sujet des relations qui se tissent avec la famille du beau-parent.

On remarque, par ailleurs, que si la majorité des enfants de familles recomposées voient régulièrement leurs grands-parents maternels, seule une minorité sont en contact avec leurs grands-parents paternels. En effet, « au moment du divorce, la femme se tourne souvent vers ses propres parents et reçoit d'eux un soutien affectif et économique, ainsi qu'une aide quant à la garde des enfants. Mais le contact est moins étroit du côté de la lignée paternelle. Quand le lien des enfants avec le père se distend, les grands-parents paternels ne réussissent pas souvent à le maintenir[48]. » On voit donc ici se reproduire le même phénomène qu'avec les parents, c'est-à-dire que les relations avec la mère (la lignée maternelle) sont beaucoup plus préservées à la suite d'une séparation ou d'une recomposition que les contacts avec la lignée paternelle. C'est dommage, car on prive ainsi l'enfant de la moitié de ses origines.

La rupture des contacts entre enfants et grands-parents est souvent liée à des conflits non résolus entre membres de la famille[49]. Pourtant, une attitude égalitaire des grands-parents envers leurs petits-enfants et les autres enfants de la famille recomposée influence positivement l'unification de la fratrie et l'intégration de ses membres[50]. De manière générale, bien que l'on n'en sache pas assez sur ces questions, on peut affirmer que la présence des grands-parents dans la vie des enfants est une source de soutien et d'affection très appréciable. Ce soutien est particulièrement important pour les jeunes qui vivent des transitions.

---

48. Cadolle, S. 2000. op. cit., p. 195.
49. Newman, M. 2000. op. cit.
50. Martial, A. 1998. op. cit.

On observe le même phénomène dans la relation qui unit les autres membres de la famille élargie (cousins, tantes, oncles, etc.). La recomposition familiale a pour conséquence de réduire la fréquence de ces contacts, qui procurent pourtant un sentiment d'appartenance à l'enfant et qui lui permettent de développer son identité et son estime personnelle[51].

Les liens grands-parents et enfants : un défi qui concerne aussi les adultes

Des chercheurs américains bien connus pour leurs travaux sur le thème de la recomposition familiale[52] ont observé que la création de liens avec les parents du beau-parent dépend beaucoup de la volonté des grands-parents de s'investir dans leurs relations avec les enfants. Les auteurs observent ainsi une très grande variabilité des rôles.

Contrairement aux adultes, les enfants ont de la facilité à intégrer de nouveaux grands-parents dans leur paysage familial, car il ne s'agit pas d'une relation exclusive[53]. La difficulté serait plus grande pour les grands-parents, qui doivent ouvrir leurs frontières. Eux aussi se retrouvent sans définition claire du rôle et des attitudes qu'ils doivent adopter envers ces enfants avec qui ils n'ont aucun lien de sang. Encore une fois, on conseille un traitement égalitaire des enfants. D'ailleurs, comme l'ont souligné les auteurs Marino et Fortier[54], les

51. Newman, M. 2000. op. cit.

52. CHERLIN, A ET F FURSTENBERG. « Recherches et controverses actuelles sur les familles recomposées aux Etats-Unis ». Dans M-T Meulders-Klein et I Théry (dirs). *Quels repères pour les familles recomposées ?* Actes du colloque international. Paris : Ministère de la Recherche, 2-3 décembre 1993. p. 37-60

53. MARINO, G ET F FORTIER. 1991. op. cit.

54. MARINO, G ET F FORTIER. 1991. op. cit.

enfants veilleront au grain afin de «s'assurer que le nouveau frère ou la nouvelle sœur ait son dû».

On ne saurait qu'encourager le maintien des contacts avec la famille élargie des deux parents de l'enfant et la création de liens avec la famille du beau-parent. Dans une étude[55] où nous avons demandé à des filles et des garçons de nous parler des avantages de la vie en famille recomposée, le propos le plus répandu a concerné l'importance du réseau de relations auquel on a accès lorsqu'on vit dans ce type de famille. Ce large réseau est vu comme fournissant des occasions récréatives et des cadeaux, mais il est aussi apprécié pour le potentiel de soutien qu'il comporte: *Tu sais à qui te confier. Les avantages, c'est que tu connais d'autre monde. Tu as plus d'amour, plus de sécurité (...) Plus d'amour parce que lorsque je vais chez mon père, j'ai Carole qui m'aime, j'ai ma sœur qui m'aime, j'ai mon père qui m'aime, il y a Henri, il y a ma mère, il y a plus de monde dans ma vie, je trouve que c'est un avantage, plus d'amour. J'en reçois plus et j'en donne plus.*

55. Saint-Jacques, M-C. 2000. op. cit.

CHAPITRE 6

DES SOURCES DE SOUTIEN

▼

Nous avons déjà parlé des défis qui attendent les conjoints lors d'une recomposition familiale. Leur relation de couple ne peut s'établir sans qu'ils tiennent compte de la présence des enfants. En fait, les conjoints qui reforment une famille doivent assumer immédiatement et simultanément des rôles parentaux et conjugaux tout en acceptant le fait qu'en dehors de la famille, un autre parent demeure souvent partie prenante des décisions à propos des enfants. Ces deux caractéristiques distinguent la famille recomposée d'une première famille et obligent les conjoints à se dissocier du modèle traditionnel qui ne correspond plus à leur réalité.

Nous constatons d'ailleurs qu'il y a peu de normes ou de principes, acceptés culturellement et socialement, qui pourraient constituer un modèle de base pour affronter certaines situations vécues lors d'une recomposition familiale. En outre, dans notre culture nord-américaine, la famille recomposée est fréquemment perçue comme déviante de la famille biparentale intacte qui est, pour sa part, souvent vue comme un idéal. Dans la perspective familiale traditionnelle, l'image de la famille est généralement associée aux occupants d'une seule maison : un couple de parents et leurs enfants. Cette image s'oppose à celle d'une famille où les enfants appartiennent à deux foyers familiaux. Il n'y a pas non plus de guides sociaux clairs pour savoir qui fait partie de la famille et qui n'en fait pas partie. Mes parents, mes frères et mes sœurs deviennent-ils respectivement les grands-parents, les oncles et les tantes des enfants de mon conjoint? De plus, étant donné que notre vocabulaire familial est tiré presque exclusivement de la famille biparentale intacte, il est souvent difficile de distinguer entre la belle-mère ou le beau-père des enfants et les parents du conjoint. Tous ces facteurs poussent les conjoints à concevoir la vie familiale dans une perspective différente de celle d'une famille biparentale intacte sans toujours avoir les outils nécessaires au départ. Dans cette optique, les conjoints doivent apprendre d'autres modèles de comportement mieux adaptés à leur réalité familiale en procédant par essais et erreurs. Habituellement l'inquiétude, le stress et l'insécurité accompagnent de telles tentatives, ce qui affecte la qualité de vie des membres de la famille.

Dans ce processus de tâtonnement, le soutien entre les conjoints et la possibilité de trouver du soutien dans leur entourage et dans leur milieu peut s'avérer particulièrement utile:

- le soutien provenant du conjoint est un facteur qui protège des stress quotidiens; ce soutien est plus important que celui provenant des amis;

- peu importe le type de famille, les partenaires satisfaits du soutien affectif offert par leur conjoint ont généralement une vie conjugale de plus grande qualité;

- le soutien social est un facteur qui peut aider au développement d'une relation de qualité entre une belle-mère et un adolescent.

La participation à des ateliers portant sur l'amélioration de la qualité de la communication (outil dont nous avons abondamment parlé dans ce livre) peut aider les conjoints à augmenter leur sentiment d'être soutenu par leur partenaire. Apprendre à partager ses émotions et ses sentiments de manière non menaçante et développer une meilleure capacité d'écoute ne peut que favoriser l'intimité. En outre, des conjoints qui arrivent à partager leurs interrogations, leurs inquiétudes et leurs préoccupations, sans se blâmer ou s'accuser l'un l'autre, sont des conjoints généralement satisfaits de leur relation.

Par ailleurs, dans une famille où les enfants ont à vivre dans deux foyers différents, la coopération de tous les adultes (parent gardien, parent non-gardien, beaux-parents) est certainement un atout très important. Les prises de décision concernant l'éducation des enfants, les négociations qui entourent les visites des enfants, les ententes à propos des vacances de Noël ne sont que quelques exemples de discussions inévitables dans un contexte de recomposition familiale. Nous savons que les adultes qui recomposent une famille n'ont pas toujours eu le temps de guérir de leurs blessures conjugales et que ces blessures peuvent devenir un élément de complication lors de leurs échanges. Faire abstraction de cette difficulté consisterait à nier la douleur qui accompagne la rupture conjugale. Toutefois, étant donné que les enfants sont au cœur des pourparlers des parents, ils sont généralement affectés par le ton de ces négociations. Pour le bien-être de leurs enfants, il est impératif que les adultes apprennent à transcender leur peine afin d'en arriver à un minimum de coopération. Pour y arriver, il est parfois nécessaire d'envisager l'aide d'un thérapeute. N'hésitez pas à le faire car des discussions effectuées dans le respect de tous peuvent favoriser l'adaptation d'un enfant alors que des querelles fréquentes peuvent engendrer de l'insécurité, des conflits de loyauté, des difficultés d'apprentissage ou des problèmes de comportement. De plus, il faut réaliser qu'au-delà de la rupture conjugale, les deux parents restent des sources potentielles de soutien pour l'éducation de leurs enfants et que les beaux-parents, idéalement, devraient s'ajouter en appui à ce tandem.

Dans un autre ordre d'idées, il ne faut pas négliger non plus le soutien trouvé en rencontrant des gens qui vivent des situations similaires afin de discuter des préoccupations communes ou d'échanger sur des stratégies d'action. Des rencontres entres amis ou la participation à des groupes de discussion plus structurés peuvent avoir un effet très rassurant pour les membres de ces familles. En outre, l'information véhiculée lors de ces rencontres permet généralement de mieux comprendre les difficultés inhérentes à la recomposition familiale et de tenir compte des principales étapes à franchir pour en arriver à l'harmonie. Ainsi, vous pouvez garder un œil plus objectif par rapport aux événements qui se présentent. En effet, savoir que certaines difficultés sont liées à la recomposition alors que d'autres peuvent avoir des causes différentes permet certainement de mieux les gérer. De plus, si vous pouvez expliquer les problèmes vécus dans la famille par des facteurs normalement associés à la transition, il devient alors plus difficile pour vous de croire qu'ils découlent de la mauvaise volonté de votre conjoint ou de celle des enfants ou encore qu'ils sont le résultat de votre incompétence. Dans ces conditions, vous et votre conjoint pouvez travailler à trouver des solutions en évitant de vous blâmer l'un l'autre ou les enfants. Enfin, l'information permet également de comprendre qu'il y a des éléments qui font partie de la recomposition et qui devront être acceptés si vous voulez vivre heureux dans ce contexte familial.

Par ailleurs, si on est à la recherche d'un service destiné plus particulièrement aux jeunes, la situation se complique. En effet, il faut reconnaître que l'intervention auprès des jeunes de familles recomposées constitue le parent pauvre de l'étude et de l'intervention dans le domaine des transitions familiales. En effet, bien qu'il existe plusieurs ouvrages fourmillant de recommandations à l'égard de l'intervention auprès de ces jeunes, peu de ces contenus ont été organisés dans des programmes structurés ; encore moins ont-ils été soumis à une évaluation systématique.

Idéalement, il faudrait privilégier la formule des programmes d'intervention offerts à des groupes de jeunes (réunis selon leur âge). L'intervention de groupe permet en effet aux participants d'observer qu'ils ne sont pas les seuls à vivre cette situation, de partager un vécu commun, d'échanger des solutions mises de l'avant par d'autres, etc. Heureusement, la plupart des groupes de soutien visant à aider les jeunes à vivre la séparation de leurs parents abordent le thème de la recomposition familiale.

Mais où trouver ces ateliers et comment se joindre à ces groupes ? Au Québec, les centres locaux de services communautaires (CLSC) et les organismes communautaires de votre région sont là pour offrir de l'information, du soutien et de l'entraide. Par ailleurs, si un organisme de familles monoparentales se trouve dans votre voisinage, téléphonez ! Plusieurs d'entre eux offrent des services qui conviennent également à des familles recomposées. Enfin, dans la région de Montréal, il y a la Maison des enfants qui donne du soutien aux enfants et, dans plusieurs régions, il existe des Maisons de la Famille qui sont également une ressource intéressante et généralement ouverte aux demandes des gens qui vivent dans divers contextes familiaux.

Encore une fois, il faut avouer que les services offerts spécifiquement pour les membres d'une famille recomposée sont plutôt rares. La recomposition familiale après séparation est une situation de vie relativement récente, et c'est pourquoi il existe encore si peu de ressources spécifiques pour les membres de ces familles. Toutefois, plus de gens feront de telles demandes, plus ces organismes se mobiliseront pour organiser une conférence, un groupe d'entraide ou traiter d'un sujet qui vous tient à cœur. Par conséquent, il ne faut pas hésiter à frapper aux portes et à exiger qu'on tienne compte de votre réalité. D'ailleurs, vous serez souvent surpris de ce que vous pourrez obtenir de cette façon.

Toutes les familles ne ressentent pas le besoin de consulter. Il peut cependant être profitable de connaître certains outils qui faciliteront la résolution de difficultés qui sont inévitables dans toute vie familiale.

Les conseils de famille

Afin de permettre à chacun de s'exprimer sur ce qu'il vit dans la famille, il peut être utile de faire des conseils de famille. D'ailleurs, c'est souvent une occasion unique pour vraiment savoir ce que les enfants ressentent face à leur nouvel environnement. Une fois par semaine, vous pouvez organiser un repas spécial au cours duquel chacun dit au moins un point positif et un point négatif de leur semaine. Vous serez alors en mesure d'apprendre beaucoup sur ce que chacun vit et principalement sur ce que ressentent les enfants. Bien sûr, il faut être prêt à entendre leurs commentaires, et ce n'est pas toujours facile, mais ces informations permettent généralement de faire des mises au point utiles et d'intervenir de manière souvent plus efficace auprès d'eux. Les conseils de famille sont aussi particulièrement utiles lorsque vient le temps de prendre une décision qui a des conséquences auprès de tous ou lorsqu'une situation particulièrement problématique nécessite que tout le monde s'exprime et présente des solutions. Selon les sujets traités, les conseils de famille peuvent donner lieu à des décisions consensuelles où tous les membres ont « leur droit de vote », ou être un lieu où chacun peut exprimer son opinion ; mais c'est au couple à prendre la décision finale après réflexion.

Des habiletés pour résoudre les problèmes

En affrontant les difficultés dès qu'elles se présentent, vous préserverez l'harmonie familiale. À cet effet, il existe une technique simple à utiliser pour faciliter la résolution des problèmes, les petits comme les grands. Cette technique peut servir au travail ou en famille, entre adultes ou avec des enfants. Autrement dit, on peut l'utiliser partout et avec tout le monde. Bien des volumes ont consacré des parties substantielles de leur propos à cet aspect spécifique de la communication. C'est pourquoi nous n'avons pas la prétention d'enseigner cette technique en quelques lignes. Voici simplement un résumé de ses deux principales étapes[56].

1. Définissez d'abord le problème et discutez-en afin d'en clarifier la teneur, ainsi que les peurs et les sentiments qui y sont attachés. Cette étape est essentielle car sans une compréhension complète et mutuelle du problème, il ne peut y avoir de solution efficace. Une fois que cette compréhension est atteinte, vous passez à la deuxième étape.

---

56. Pour en savoir davantage : BEAUDRY, M ET J-M BOISVERT. *Psychologie du couple : quand la science se met à parler d'amour*. Montréal : Méridien, 1988.

2. À cette étape, vous ne devez parler que d'un seul problème à la fois, et pour chacun des problèmes vous
   imaginez le plus de solutions possibles, sans vous
   censurer. En agissant de la sorte, vous sollicitez votre
   imagination à son maximum, ce qui vous permet d'entre-
   voir des solutions originales et différentes de celles que
   vous aviez peut-être déjà envisagées. Une fois que vous
   avez recensé toutes les idées de solutions qui vous ve-
   naient à l'esprit, reprenez-les une à une pour discuter de
   la faisabilité de chacune. Le choix de la solution se fait
   ensuite par consensus. Enfin, vous devez vous entendre
   sur le temps d'essai de la solution retenue et sur le
   moment où vous discuterez de son efficacité.

**Lors d'une recomposition familiale, plus les individus
mettent d'outils dans leur coffre, plus ils ont de chances
de trouver les moyens de faire face aux situations qui se
présentent.**

Conclusion

▼

Avec ce livre, nous avions pour objectif de soutenir les adultes qui croient en l'amour et en la famille. Nous l'avons écrit après avoir souvent constaté à quel point les femmes, les hommes et leur progéniture consacrent à la recomposition familiale des énergies extraordinaires, et à quel point ils affrontent de réelles difficultés. Nous avons aussi pris la plume afin de pallier, modestement, le manque d'information sur la question.

Ce livre se fonde sur trois principes : une famille recomposée est une vraie famille ; une famille recomposée est d'abord une histoire d'amour ; une famille recomposée comprend des individus qui ont suffisamment aimé ou cru en la famille pour tenter une seconde fois d'y être heureux et pour engager leurs enfants dans cette aventure.

Une famille recomposée est une « vraie » famille, ce qui ne l'empêche pas d'être différente d'une famille biparentale intacte. Et à défaut d'entraîner une manière distincte de fonctionner, cette différence oblige à tout le moins la famille à « se penser » distinctement. Il y a eu, avant la recomposition, une première famille, rien ne peut effacer cela. Il convient cependant d'en faire le deuil, deuil de la relation précédente, deuil de ne plus être l'aîné, deuil de ne pas être le premier conjoint, la première conjointe. Cette première famille continue d'être importante pour les enfants qui doivent cependant s'adapter à sa nouvelle forme, aux nouveaux liens conjugaux dans lesquels leurs parents choisissent de s'engager. Tout cela nécessite donc que le projet de former une famille recomposée soit planifié et que tous les acteurs y jouent leur rôle.

Planifier une recomposition familiale veut dire préparer les enfants et se préparer comme couple. Les enfants et les adolescents continuant fréquemment d'entretenir le fantasme de réconcilier leurs parents, ils voient généralement l'arrivée d'un ou d'une nouvelle conjointe comme un point de non-retour par rapport à leur famille d'origine, ce qui n'est pas sans éveiller des sentiments de peine et de colère. Ils peuvent aussi être inquiets à l'idée de devoir vivre avec un nouvel adulte et peut-être aussi avec d'autres enfants, et de devoir partager leur parent. Ils peuvent aussi se demander si la relation qu'ils ont avec leur autre parent sera affectée par cette recomposition. Être à l'écoute de leurs sentiments et de leurs craintes, les rassurer et limiter les changements qui interviendront dans leur vie, tout cela constitue un ensemble d'éléments importants qui faciliteront leur adaptation.

Par ailleurs, la recomposition étant d'abord et avant tout une histoire d'amour entre deux adultes, les enfants doivent être engagés dans ce nouveau projet et sentir qu'ils y ont une place. Une manière de faciliter la transition consiste à permettre aux jeunes et au beau-parent — de même qu'aux enfants de ce dernier, s'il en a — de faire connaissance avant le « choc » de la cohabitation. Chacun peut ainsi apprivoiser l'autre en des lieux plus neutres, à une distance et à un rythme qui lui conviennent.

Il faut aussi se rappeler qu'une relation a besoin de temps pour se tisser, particulièrement entre un beau-parent et un enfant. On n'aime pas instantanément les enfants de l'autre, pas plus qu'ils ne nous aiment instantanément. Le temps est donc une condition essentielle dans le partage des responsabilités entre parent et beau-parent, au sujet de l'autorité. Le beau-parent n'est pas, aux yeux des enfants, une autorité légitime et ne le deviendra qu'à condition qu'une relation de confiance s'établisse entre eux. On a aussi remarqué qu'un beau-parent, qui commence d'abord par appuyer le parent et qui, tranquillement mais clairement, se voit déléguer par le parent son rôle d'autorité, finit par pouvoir jouer sainement ce rôle auprès des enfants de son conjoint. Enfin, sur cette question très épineuse de l'autorité et de la discipline, il faut aussi tenir compte de l'âge des enfants (plus ils sont âgés au moment de la recomposition, plus ils refusent l'autorité du beau-parent) et des valeurs de chacun. Certains couples vivant en famille recomposée choisissent d'intervenir uniquement auprès de leurs enfants et ne s'en portent pas plus mal. En ce sens, il n'y a pas de formule miracle ou standard qui convienne à tous. Chacun doit développer son modèle.

Enfin, les enfants et les adolescents ont besoin que l'on respecte les liens qu'ils ont avec leur parent non gardien, avec la famille élargie et avec leurs amis. Si des adultes peuvent choisir de « recommencer leur vie », les jeunes sortiront généralement gagnants de pouvoir s'inscrire dans une trajectoire marquée par de la continuité (particulièrement sur le plan relationnel) à travers les ruptures et les nouvelles unions de leurs parents.

Du point de vue du couple, les premières années d'une recomposition familiale sont marquées par de grands défis. Les conjoints doivent faire face à plus de complexité que lors d'une première union ; ils ont peu de modèles pour savoir comment agir dans cette situation et la structure familiale leur laisse peu de temps pour construire une relation conjugale forte. Tous ces défis représentent le point de départ normal de cette forme familiale. Il est donc tout à fait compréhensible que les premières années dans une famille recomposée apparaissent plus exigeantes que lors d'une première union.

Par ailleurs, il faut admettre que le défi de recomposer une famille ne convient pas à tout le monde. Beaucoup d'individus y trouvent une manière de se dépasser, mais nombreux sont ceux qui ne peuvent s'astreindre aux efforts que sa réussite exige. Dans notre société, l'épanouissement personnel est une valeur privilégiée et, dans cette optique, il est parfaitement justifié d'éliminer les contraintes qui nuisent à cet épanouissement. C'est d'ailleurs ce qui explique la plupart des séparations conjugales. Lorsque l'un des conjoints n'est plus satisfait de sa relation conjugale, il a la possibilité de chercher un autre conjoint qui réponde mieux à ses aspirations. Toutefois, si le choix d'un nouveau conjoint implique de recomposer une famille, les conjoints se retrouvent dans une position qui les oblige à remettre en question ces valeurs individualistes. Le rôle tenu par les beaux-parents offre un bon exemple de cette contradiction. Les beaux-parents sont appelés à effectuer des tâches reliées à la présence des enfants sans que ces derniers ne leur témoignent nécessairement d'affection en retour. Comment alors trouver des éléments d'épanouissement personnel dans une relation à sens unique qui ne résulte pas d'un vrai choix ? Dans bien des cas, le beau-parent doit vivre beaucoup d'abnégation avant de réussir à établir une relation vraiment enrichissante avec son bel-enfant. De plus, même en y mettant tous les efforts voulus, rien ne lui garantit le succès, car une relation beau-parentale de qualité est également conditionnelle à l'ouverture de l'enfant et à celle de ses deux parents. Aussi, lorsque le beau-parent qualifie de « comme parent » la relation qui existe entre lui et les enfants, ces termes ne traduisent pas tout « ...ce que peut avoir de patient, de dévoué et d'inconditionnel, cet amour parental[57] ».

---

57. CADOLLE, S. *Être parent, être beau-parent. La recomposition de la famille.* Paris : Odile Jacob, 2000. p. 149.

Par conséquent, les individus qui ont des valeurs plus altruistes possèdent certainement des atouts de taille pour réussir à recomposer avec succès leur famille.

D'autres connaissances, attitudes et habiletés peuvent aider les adultes à franchir les premières étapes de la recomposition familiale. Il y a la *souplesse* pour s'adapter aux différents horaires de garde et de visites des enfants; la *patience*, car le temps compte beaucoup pour développer des relations significatives, par exemple celle entre l'enfant et son beau-parent; le *respect*, tant de la part des enfants que des adultes, car l'amour n'est ni instantané ni automatique entre les membres de cette famille; les *habiletés de communication* et *de résolution de problèmes* pour partager ses émotions et ses attentes, ainsi que pour négocier les rôles, les limites, le partage des ressources, etc.; le *sens de l'humour*, qui peut aider à dédramatiser les situations où règnent souvent la confusion et le chaos; l'*information* pour comprendre le fonctionnement de cette famille et avoir des attentes réalistes; le *soutien des autres* pour traverser les moments plus difficiles. De plus, afin d'apprendre à mieux se connaître, on devrait favoriser les relations en duo: le beau-parent et l'enfant, l'enfant et son parent et les deux conjoints seuls sans les enfants. Ces relations en duo permettent d'établir des liens sans que le jeu des anciennes alliances ne vienne troubler l'interaction. Enfin, ces rencontres à deux n'excluent pas du tout les activités familiales ou les conseils de famille, dans lesquelles tous les membres se retrouvent et font des mises au point, échangent ou s'amusent, tout simplement.

Faut-il voir dans cette énumération la recette miracle qui garantit le succès infaillible de la recomposition familiale? Bien sûr que non. Les personnes qui vivent avec bonheur la recomposition de leur famille ne possèdent pas toutes ces qualités et tout le monde n'est pas naturellement altruiste.

Une des clés principales du succès de la famille recomposée demeure la capacité de demander de l'aide avant que le ressentiment ou la rancune ne s'installe. Il faut savoir que le soutien d'un proche et les conseils d'un intervenant peuvent dénouer rapidement des situations qui semblaient insurmontables et permettre ainsi d'éviter bien des problèmes.

À l'heure de la consommation rapide, à l'heure où l'épanouissement personnel est un devoir pour tous, à l'heure où l'amour authentique fait foi de tout, la recomposition familiale semble aller à contre-courant. Dans ces familles, les relations prennent du temps à se développer, le dévouement et l'oubli de soi apparaissent comme des ingrédients essentiels et l'amour authentique n'est souvent qu'une vague parodie entre l'enfant et le beau-parent, du moins au début. Mais tout comme Ulysse qui doit franchir de multiples épreuves avant de retrouver sa Pénélope, le voyageur de la recomposition familiale emprunte une route qui ne laisse pas toujours présager les résultats de ses efforts. Pourtant, la « lune de miel » existe en famille recomposée. Elle ne se situe tout simplement pas au début. Voilà ce qu'en dit une femme vivant en famille recomposée depuis sept ans : « Jamais je n'aurais pensé vivre un tel bonheur, pas même il y a deux ans… » Ce témoignage permet d'observer que même si cette famille est composée sur un air différent des autres, une fois qu'on connaît la chanson, on peut la chanter sans fausses notes.

Ressources

▼

Sites Internet

Banque de données Famili@
familia.inrs-ucs.uquebec.ca/

Équipe de recherche Jeunes et familles en Transition (JEFET)
www.ulaval.ca/jefet/

Fédération des associations de familles monoparentales et
recomposées du Québec
www.cam.org/~fafmrq/

Guide de lecture pour les parents / Centre d'information sur la
santé de l'enfant
www.hsj.qc.ca/General/Public/CISE/livpar.htm

Répertoire de groupes d'entraide et d'associations / Centre d'information sur la santé de l'enfant
www.hsj.qc.ca/General/Public/CISE/resspres.htm

Stepfamily Association of America
www.stepfam.org/index.htm

Stepfamily Network
www.stepfamily.net/

Livres pour adultes

CADOLLE, S. *Être parent, être beau-parent.* Paris : Odile Jacob, 2000.
304 p.

CLOUTIER, R, L FILION ET H TIMMERMANS. *Les parents se séparent…*
Pour mieux vivre la crise et aider son enfant. Montréal : Hôpital
Sainte-Justine, 2001. 154 p. (La Collection de l'Hôpital Sainte-
Justine pour les parents)

Conseil de la famille. *La famille... composée autrement.* Québec: Conseil de la famille, 1995. 75 p. Disponible aussi sur le web: www.cfe.gouv.qc.ca/cfe-fra/pdf/archives/avis-famille-composee.pdf

Conseil de la famille. *Recueil de réflexions sur la stabilité des couples-parents.* Québec: Conseil de la famille, 1996. 197 p. Disponible aussi sur le web: www.cfe.gouv.qc.ca/cfe-fra/pdf/archives/doc-reflexions-couples-parents.pdf

Conseil de la famille. *L'art de mieux vivre une recomposition familiale.* Québec: Conseil de la famille, 1995. 21 p. Disponible aussi sur le web: www.cfe.gouv.qc.ca/cfe-fra/pdf/archives/brochure-art-mieuxvivre.pdf

GERMAIN, D. « La famille reconstituée: le deuil de l'idéal ». Dans Gauthier P. *Les nouvelles familles.* Montréal: Saint-Martin, 1986. p 85-112.

LAROUCHE, G. *Du nouvel amour à la famille recomposée: la grande traversée.* Montréal: Éditions de l'Homme, 2001. 258 p.

MARINO, G ET F FORTIER. *La nouvelle famille.* Montréal: Stanké, 1991. 155 p. (Parcours)

PAPERNOW, P. *Becoming a stepfamily. Patterns of development in remarried families.* San Francisco: Jossey-Bass. 440 p.

Recomposer une famille, un défi. (Numéro spécial). RND: Revue Notre Dame, no 5, mai 1997. 27 p.

Familles recomposées après divorce. Service Social 1990; 39(3): 182 p. (Disponible en composant le (418) 656-2131 poste 4531.)

Livres pour enfants

BONNETON, F. *Une nouvelle famille, c'est pas facile!* Paris: De la Martinière jeunesse, 2001. 103 p. (Oxygène)   **11 ans +**

CLERMONT, MA. *Double foyer.* Montréal: Pierre Tisseyre, 1993. 199 p. (Faubourg St-Rock)   **12 ans +**

DE SAINT-MARS, D. *Léon a deux maisons.* Paris: Bayard, 1996. 40 p. (Les petits savoirs)   **6 à 9 ans**

GAUTHIER, G. *Pas de chausson dans mon salon.* Montréal: La Courte échelle, 1998. 61 p. (Premier roman)   **8 à 10 ans**

HELLINGS, C. *Les beignets au miel.* Paris: L'École des loisirs, 1997. 25 p. (Pastel)   **2-6 ans**

RUBIO, V. *Ma mère se remarie! La famille recomposée.* Paris: Autrement Junior, 2001. 47 p. (Société)   **9 à 13 ans**

STANKÉ, C. *Lili et moi.* Montréal: Hurtubise HMH, 1998. 70 p. (Collection plus)   **8 à 10 ans**

La Collection de l'Hôpital Sainte-Justine

pour les parents

L'allaitement maternel
Comité pour la promotion
de l'allaitement maternel de l'Hôpital Sainte-Justine
Le lait maternel est le meilleur aliment pour le bébé. Tous les conseils pratiques pour faire de l'allaitement une expérience réussie !
ISBN 2-921858-69-X   1999 / 104 p.

Apprivoiser l'hyperactivité et le déficit de l'attention
Colette Sauvé
Une gamme de moyens d'action dynamiques pour aider l'enfant hyperactif à s'épanouir dans sa famille et à l'école.
ISBN 2-921858-86-X   2000 / 96 p.

Au-delà de la déficience physique ou intellectuelle
Un enfant à découvrir
Francine Ferland
Comment ne pas laisser la déficience prendre toute la place dans la vie familiale ? Comment favoriser le développement de cet enfant et découvrir le plaisir avec lui ?
ISBN 2-922770-09-5   2001 / 232 p.

Au fil des jours... après l'accouchement
L'équipe de périnatalité de l'Hôpital Sainte-Justine
Un guide précieux pour répondre aux questions pratiques de la nouvelle accouchée et de sa famille durant les premiers mois suivant l'arrivée de bébé.
ISBN 2-922770-18-4   2001 / 96 p.

Au retour de l'école...
La place des parents dans l'apprentissage scolaire
Marie-Claude Béliveau
Une panoplie de moyens pour aider l'enfant à développer des stratégies d'apprentissage efficaces et à entretenir sa motivation.
ISBN 2-921858-94-0   2000 / 176 p.

En forme après bébé
Exercices et conseils
Chantale Dumoulin
Des exercices et des conseils judicieux pour aider la nouvelle maman à renforcer ses muscles et à retrouver une bonne posture.
ISBN 2-921858-79-7   2000/128 p.

En forme en attendant bébé
Exercices et conseils
Chantale Dumoulin
Des exercices et des conseils pratiques pour garder votre forme pendant la grossesse et pour vous préparer à la période postnatale.
ISBN 2-921858-97-5   2001/112 p.

L'enfant malade
Répercussions et espoirs
Johanne Boivin, Sylvain Palardy et Geneviève Tellier
Des témoignages et des pistes de réflexion pour mettre du baume sur cette cicatrice intérieure laissée en nous par la maladie de l'enfant.
ISBN2-921858-96-7   2000/96 p.

L'estime de soi, un passeport pour la vie
Germain Duclos
Pour développer des attitudes éducatives positives qui aideront l'enfant à acquérir une meilleure connaissance de sa valeur personnelle.
ISBN 2-921858-81-9   2000/128 p.

Et si on jouait ?
Le jeu chez l'enfant de la naissance à 6 ans
Francine Ferland
Les différents aspects du jeu présentés aux parents et aux intervenants : informations détaillées, nombreuses suggestions de matériel et d'activités.
ISBN 2-922770-36-2   2002/184 p.

Être parent, une affaire de cœur I
Danielle Laporte
Des textes pleins de sensibilité, qui invitent chaque parent à découvrir son enfant et à le soutenir dans son développement.
ISBN 2-921858-74-6   1999/144 p.

Être parent, une affaire de cœur II
Danielle Laporte
Une série de portraits saisissants: l'enfant timide, agressif, solitaire, fugueur, déprimé, etc.
ISBN 2-922770-05-2   2000/136 p.

Famille, qu'apportes-tu à l'enfant?
Michel Lemay
Une réflexion approfondie sur les fonctions de chaque protagoniste de la famille, père, mère, enfant... et les différentes situations familiales.
ISBN 2-922770-11-7   2001/216 p.

La famille recomposée
Une famille composée sur un air différent
Marie-Christine Saint-Jacques et Claudine Parent
Comment vivre ce grand défi? Le point de vue des adultes (parents, beaux-parents, conjoints) et des enfants impliqués dans cette nouvelle union.
ISBN 2-922770-33-8   2002/144 p.

Guide Info-Parents I
L'enfant en difficulté
Michèle Gagnon, Louise Jolin et Louis-Luc Lecompte
Un répertoire indispensable de ressources (livres, associations, sites Internet) pour la famille et les professionnels.
ISBN 2-921858-70-3   1999/168 p.

Guide Info-Parents II
Vivre en famille
Michèle Gagnon, Louise Jolin et Louis-Luc Lecompte
Des livres, des associations et des sites Internet concernant la vie de famille : traditionnelle, monoparentale ou recomposée, divorce, discipline, conflits frères-sœurs...
ISBN 2-922770-02-8   2000/184 p.

Guide Info-Parents III
Maternité et développement du bébé
Michèle Gagnon, Louise Jolin et Louis-Luc Lecompte
Des ressources fort utiles concernant la grossesse, l'accouchement, les soins à la mère et au bébé, le rôle du père, la fratrie…
ISBN 2-922770-22-2   2001/152 p.

Guider mon enfant dans sa vie scolaire
Germain Duclos
Des réponses aux questions les plus importantes et les plus fréquentes que les parents posent à propos de la vie scolaire de leur enfant.
ISBN 2-922770-21-4   2001/248 p.

Les parents se séparent...
Pour mieux vivre la crise et aider son enfant
Richard Cloutier, Lorraine Filion et Harry Timmermans
Pour aider les parents en voie de rupture ou déjà séparés à garder espoir et mettre le cap sur la recherche de solutions.
ISBN 2-922770-12-5   2001/164 p.

La scoliose
Se préparer à la chirurgie
Julie Joncas et collaborateurs
Dans un style simple et clair, voici réunis tous les renseignements utiles sur la scoliose et les différentes étapes de la chirurgie correctrice.
ISBN 2-921858-85-1   2000/96 p.

Les troubles anxieux expliqués aux parents

Chantal Baron

Quelles sont les causes de ces maladies et que faire pour aider ceux qui en souffrent ? Comment les déceler et réagir le plus tôt possible ?

ISBN 2-922770-25-7   2001/88 p.

Les troubles d'apprentissage : comprendre et intervenir

Denise Destrempes-Marquez et Louise Lafleur

Un guide qui fournira aux parents des moyens concrets et réalistes pour mieux jouer leur rôle auprès de l'enfant ayant des difficultés d'apprentissage.

ISBN 2-921858-66-5   1999/128 p.

MEMBRE DE SCABRINI MEDIA

Québec, Canada
2003